Franz von Holtzendorff

Über die Verbesserungen in der gesellschaftlichen und wirtschaftlichen Stellung der Frauen

Nach dem Original von 1867
herausgegeben von Hansjörg Walther.

Libera Media

2016

V. i. S. d. P.:
Dr. Hansjörg Walther
Schwarzburgstraße 7
60318 Frankfurt am Main
Deutschland

ISBN-13: 978-1533144713

ISBN-10: 1533144710

Inhalt

EINLEITUNG

Einleitung

Der Autor

Franz von Holtzendorff wurde am 14. Oktober 1829 in Vietmannsdorf in der Uckermarck geboren. Ihm war der politische und gesellschaftliche Einsatz gewissermaßen in die Wiege gelegt, denn sein Vater, ebenfalls mit Namen Franz von Holtzendorff (1804-1871), war ein liberaler Politiker, der bereits im Vormärz für Reformen eintrat, wie etwa eine Volksvertretung für den Deutschen Bund. Das brachte ihm die Ablehnung seiner adeligen Standesgenossen ein und Verfolgung durch die Regierung. Erst 1848 wurde er amnestiert und rehabilitiert. Während der Revolutionszeit gehörte der Vater dann dem von Wilhelm Lette (1799-1868) geleiteten *„Constitutionellen Club"* an. Später verfolgte er wohltätige Zwecke, etwa im Fröbel-, Unions- und Gustav-Adolph-Verein.

Der Sohn Franz von Holtzendorff wuchs auf dem Gut der Familie auf und ging dann auf die Schule des Grauen Klosters in Berlin und die Fürstenschule Schulpforta, wobei seine Begabung für Sprachen schon frühzeitig auffiel. Im Jahr 1848 nahm er das Studium der Rechtswissenschaften an der Universität

Berlin auf. Nach Aufenthalten in Heidelberg und Bonn promovierte er schließlich 1852 in Berlin über eine zivilrechtliche Fragestellung. Anschließend nahm er den gerichtlichen Vorbereitungsdienst auf.

Bereits in seiner Studienzeit bereiste Franz von Holtzendorff England und Italien, was er zu rechtlichen und volkswirtschaftlichen Studien nutzte. Im Jahre 1857 habilitierte er sich dann an der Universität Berlin mit der Arbeit *„De causis poenae mitigandae"* (Über die Gründe, aus denen Strafen gemildert werden sollten). Mittlerweile hatte sich sein Schwerpunkt auf das Gebiet des Strafrechts verlagert und hier besonders auf das Gebiet des Strafvollzugswesen.

Zu diesem Themenkreis veröffentlichte Franz von Holtzendorff im Jahre 1859 zwei Monographien mit dem Titeln: *„Die Deportation als Strafmittel in alter und neuer Zeit und die Verbrechercolonien der Engländer und Franzosen in ihrer geschichtlichen Entwicklung und criminalpolitischen Bedeutung dargestellt"* sowie *„Französische Rechtszustände, insbesondere die Resultate der Strafrechtspflege in Frankreich und die Zwangscolonisation von Cayenne[1]"*. Im selben Jahre befaßte er sich in einer kontrovers diskutierten Schrift auch mit dem Strafvollzug in Irland: *„Das irische Gefängnißsystem, insbesondere die Zwischenanstalten vor der Entlassung der Sträflinge"*. 1864 kam er auf das Thema mit dem Aufsatz zurück: *„Études sur le sy-*

---

[1] *Cayenne ist die Hauptstadt des französischen Überseedépartements Französisch-Guayana, zu welchem der „Archipel der Verdammten" mit der Teufelsinsel gehört. Dort gab es eine französische Strafkolonie, die von 1852 bis 1951 bestand.*

Einleitung

stème pénitentiaire irlandais" (Studien über das irische System des Strafvollzugs) und 1865 noch einmal mit der Schrift: *„Kritische Untersuchungen über die Grundsätze und Ergebnisse des irischen Strafvollzugs".*

In eine ähnliche Richtung ging auch sein Buch von 1861: *„Die Kürzungsfähigkeit der Freiheitsstrafen und die bedingte Freilassung der Sträflinge in ihrem Verhältniß zum Strafmaß und zu den Strafzwecken".* Hierin empfahl er, daß Strafen nachträglich bei guter Führung verkürzt werden könnten, ein Vorschlag, der in Sachsen aufgenommen wurde, aber ansonsten umstritten blieb. Daneben beschäftigte sich Franz von Holtzendorff auch mit anderen Themen, So veröffentlichte er etwa 1866 einen Vortrag zu Ehren von Richard Cobden (1804-1865), den er nach dessen Tode gehalten hatte[1]. Franz von Holtzendorff hatte den großen Freihändler während seines Aufenthalts in England in den 1850er Jahren persönlich kennengelernt.

Im Jahre 1860 war Franz von Holtzendorff außerordentlicher Professor geworden. Im selben Jahr regte er die Gründung des Deutschen Juristentags an, eine Idee, die schon bald in anderen Ländern Nachahmung fand. Ab 1861 gab er außerdem die von ihm begründete *„Allgemeine Deutsche Strafrechtszeitung"* heraus.

In den Jahren 1861 und 1862 kam es dann zu einer publizistischen Auseinandersetzung zwischen Franz von Holtzendorff und der Brüderschaft des

---

[1] *Neuausgabe bei Libera Media.*

Rauhen Hauses, eines von Johann Hinrich Wichern (1808–1881) gegründeten protestantischen Ordens, der sich halbstaatlich in den Gefängnissen betätigte. Es erschienen die Streitschriften *„Die Brüderschaft des Rauhen Hauses, ein protestantischer Orden im Staatsdienst"* 1861 und *„Der Brüder-Orden des Rauhen Hauses und sein Wirken in den Strafanstalten"* 1862, in denen Franz von Holtzendorff die Verquikkung von religiösen und staatlichen Funktionen rügte.

Im Jahre 1864 argumentierte Franz von Holtzendorff dann in seiner Schrift *„Die Reform der Staatsanwaltschaft in Deutschland"* gegen eine abhängige Staatsanwaltschaft, nicht zuletzt vor dem Hintergrund der Schikanen, die gegen die Opposition im Preußischen Verfassungskonflikt gerichtet wurden. Im Jahre 1865 nahm er diese Frage erneut mit dem Buch auf: *„Die Umgestaltung der Staatsanwaltschaft vom Standpunkt unabhängiger Strafjustiz und der Entwurf einer St.P.O. für den preußischen Staat".*

Immer wieder hielt Franz von Holtzendorff neben seinen wissenschaftliche Arbeiten öffentliche Vorträge zu rechtlichen Fragen, die Themen wie die Todesstrafe, Kriminalpsychologie, Strafvollzug, die Geschichte des Völkerrechts oder die Rechte von Frauen behandelten und oftmals wie die vorliegende Schrift in der Reihe *„Sammlung gemeinverständlicher wissenschaftlicher Vorträge"* erschienen, die er zusammen mit Rudolf Virchow herausgab.

Franz von Holtzendorff wartete lange auf eine Berufung als ordentlicher Professor an der Universität Berlin. Zwar erhielt er schließlich 1873 einen Ruf, doch der kam, unmittelbar nachdem er sich entschie-

Einleitung

den hatte, ein Angebot der Universität München anzunehmen, an der er dann bis zu seinem Tode lehrte. In der Öffentlichkeit wurde Franz von Holtzendorff in jener Zeit allgemein bekannt, als er die Verteidigung des Grafen Harry von Arnim-Suckow mit übernahm.[1] In dieselbe Zeit fällt auch seine Tätigkeit für das *„Institut du droit international"* in Gent, dessen erste Sitzung auf deutschem Boden er als Präsident leitete. In diesem Rahmen untersuchte er auch The-

---

[1] *Graf Arnim war ab 1871 deutscher Botschafter in Frankreich. Im Jahre 1873 kam es zu Auseinandersetzungen mit Reichskanzler Bismarck, wobei man vermutete, daß Graf Arnim sich Hoffnungen auf dessen Amt machte. 1874 wurde der Botschafter auf Betreiben von Bismarck nach Konstantinopel versetzt. Er wehrte sich dagegen in der Presse, wobei herauskam, daß er Akten, die mit Bismarck zu tun hatten, mitgenommen hatte.*

Daraufhin wurde Graf Arnim verhaftet, in Berlin angeklagt und in erster Instanz zu drei Monaten, in der Berufung zu neun Monaten Haft verurteilt. Er floh vor Antritt der Strafe nach Nizza, von wo er sich wieder über die Presse in eigener Sache äußerte. In Abwesenheit wurde er zu fünf Jahren Haft, unter anderem wegen Landesverrats und Majestätsbeleidigung, verurteilt. Graf Arnim starb 1881 in Nizza.

Bismarck legte dem Reichstag ein auf den Fall zugeschnittenes Gesetz über „Vertrauensbruch im auswärtigen Amt" vor (§ 353a), den sogenannten „Arnim-Paragraphen", der bis heute Bestand hat. Die Vehemenz, mit der gegen den Grafen Arnim vorgegangen wurde, legte die Vermutung nahe, daß es sich auch um eine Racheaktion des Kanzlers handelte, der einen Konkurrenten damit ausschalten wollte. Franz von Holtzendorff übernahm das Mandat nicht unbedingt aus Sympathie für den Angeklagten, sondern weil er Vorbehalte gegen die Rechtsstaatlichkeit des Vorgehens hatte.

men wie *„Die Auslieferung der Verbrecher und das Asylrecht"* oder *„Die Idee des ewigen Völkerfriedens"*.[1]

Nach der Reichsgründung wurde das Rechtssystem in Deutschland schrittweise umgestaltet. Franz von Holtzendorff begleitete das als Herausgeber verschiedener Übersichtswerke, wie etwa der *„Encyclopädie der Rechtswissenschaft"* (erste Auflage 1870/71 und dann zahlreiche weitere Auflagen), dem *„Handbuch des deutschen Strafrechts in Einzelbeiträgen"* in drei Bänden (erste Auflage 1871–1874), dem *„Handbuch des deutschen Strafproceßrechts in Einzelbeiträgen"* in zwei Bänden (erste Auflage 1877–1879), dem *„Handbuch des Völkerrechts"* in vier Bänden (erste Auflage 1885–89) und dem *„Handbuch des Gefängnißwesens in Einzelbeiträgen"* in zwei Bänden aus dem Jahre 1886. Außerdem gab er das *„Jahrbuch für Gesetzgebung, Verwaltung und Rechtspflege des Deutschen Reichs"* mit heraus (von 1871 bis 1876), die *„Materialien der deutschen Reichsverfassung"* in drei Bänden (1873) und das *„Repertorium des deutschen Reichstags"* (1872).

Franz von Holtzendorff war außerdem an der Begründung einer Reihe von Abhandlungen unter dem Titel *„Deutsche Zeit- und Streitfragen"* beteiligt, die sich ähnlich wie die *„Sammlung gemeinverständlicher wissenschaftlicher Vorträge"* an ein breites Publikum wandten. Ein Thema zu dem Franz von Holtzendorff immer wieder zurückkehrte, war dabei die Todesstrafe, für deren Abschaffung er sich einsetzte.

---

[1] *Neuausgaben bei Libera Media.*

Einleitung

In diesem Zusammenhang erschienen *„Die Psychologie des Mordes"* und die umfassende Abhandlung: *„Das Verbrechen des Mordes und die Todesstrafe"*[1].

An ausführlicheren Werken veröffentlichte Franz von Holtzendorff zudem 1879 das Buch *„Die Principien der Politik"* und 1884 *„Zeitglossen des gesunden Menschenverstandes"*. Hinzu kamen Reiseberichte wie *„Ein englischer Landsquire"* von 1877 oder die *„Schottischen Reiseskizzen"* von 1882.

Neben diesen literarischen und wissenschaftlichen Aktivitäten widmete sich Franz von Holtzendorff auch wohltätigen Zwecken. Er war an der Gründung und Leitung der Berliner Volksküchen beteiligt, wirkte an der Führung des „Vereins zur Förderung der Erwerbsthätigkeit und höheren Bildung des weiblichen Geschlechts" mit, half, das Victoria-Lyceums zu gründen, unterstützte den Berliner Handwerkerverein und den Verein für Verbreitung von Volksbildung. Auf religiösem Gebiet war er an der Gründung des Protestantenvereins beteiligt sowie an der Herausgabe der *„Protestantenbibel Neuen Testaments"* mit Verbesserungen des Luthertextes (mehrere Auflagen ab 1872). Auch in seiner Münchener Zeit ab 1873 widmete sich Franz von Holtzendorff verschiedenen wohltätiger Zwecken. So unterstützte er den Münchener Volksbildungsvereins, kümmerte sich um die Reform der höheren Bildungsanstalten und regte die Bildung einer Juristenvereinigung an.

---

[1] *Neuausgaben der Originale von 1875 bei Libera Media.*

Durch seine Aufenthalte im Ausland, zahlreiche Kontakte mit befreundeten Wissenschaftlern und seine Werke, die in viele Sprachen übersetzt wurde, erwarb sich Franz von Holtzendorff internationale Anerkennung. Er schrieb etwa für den „*Economist*", nahm an internationalen Kongressen teil und vertrat die Universität München 1888 bei der 700-Jahrfeier der Universität Bologna. Kurz vor seinem Tod konnte er noch erleben, daß in Italien die Todesstrafe abgeschafft wurde, eines seiner großen, aber für Deutschland unerreichten Ziele.

Franz von Holtzendorff starb noch nicht sechzigjährig am 4. Februar 1889 in München an einem Herzleiden.

Der Hintergrund

Die Diskussion über die Rechte von Frauen begann in Deutschland um die Zeit der Revolution von 1848, während sich Vorläufer in anderen Ländern teilweise sogar bis in das 18. Jahrhundert zurückverfolgen lassen. Hierbei ging es um die persönliche, die wirtschaftliche und die politische Freiheit. Sollten Frauen die gleichen Rechte wie Männer haben, darüber zu entscheiden, wie sie ihr Leben gestalten und sich entwickeln wollten? Sollten sie die gleichen Rechte haben, gesellschaftlich und wirtschaftlich tätig zu sein? Und sollten sie in Staat und Gemeinde gleichberechtigt mit den Männern über die Politik bestimmen können? Frauen waren bis dahin von politischer Mitwirkung vollständig ausgeschlossen, in gesellschaftlicher und wirtschaftlicher Hinsicht waren ihre Möglichkeiten stark beschränkt, ebenso bei der persönlichen Freiheit.

Die Revolution von 1848 war mit ihren vielfältigen Forderungen, alte Beschränkungen hinwegzuräumen, ein günstiges Umfeld, um auch die Frage nach den Rechten von Frauen zu stellen. Insbesondere machte die neue Pressefreiheit es möglich, die Diskussion überhaupt in die Öffentlichkeit zu tragen. Im Jahre 1849 gründete die Schriftstellerin Louise Otto (1819-1895) die „Frauen-Zeitung", welche sich im Untertitel „ein Organ für die höheren weibliche Interessen" nannte und unter dem Motto „dem Reich der Freiheit werb' ich Bürgerinnen" stand.

Die Zeitung erschien zunächst in Großenhain in Sachsen. Allerdings war sie der Reaktion nach Niederschlagung der Revolution ein Dorn im Auge. Speziell auf Louise Otto zugeschnitten, wurde deshalb im Jahre 1850 in Sachsen ein Gesetz erlassen („lex Otto"), das Frauen untersagte, als verantwortlicher Redakteur tätig zu sein. Die Zeitung zog deshalb 1851 nach Gera in das Fürstentum Reuß jüngere Linie um. Allerdings wurde die „Frauen-Zeitung" auch dort im folgenden Jahr verboten. Spätestens mit einem ähnlich restriktiven Pressegesetz 1853 in Preußen war eine Diskussion in der bisherigen Form abgeschnitten. Ins Visier der Behörden war Louise Otto dabei auch wegen ihrer Sympathien für demokratische Ideen geraten, aus welchem Blickwinkel sie auch ihre Argumentation für die Rechte von Frauen aufbaute.

Während der Reaktionszeit bis Ende der 1850er Jahre wurden alle politischen Regungen verfolgt außer denen, die die herrschende Ordnung unterstützen. Erst die „Neue Ära" ab 1858 brachte mit der Regentschaft des späteren Kaisers Wilhelm I. für seinen sehr konservativen, nicht mehr regierungsfähigen Bruder eine gewisse Lockerung. Die seit einem Jahrzehnt unterdrückten Anhänger der Revolution von 1848 traten nun wieder auf die öffentliche Bühne, so auch Louise Otto, mittlerweile nach ihrer Heirat 1858 mit dem demokratisch gesinnten Schriftsteller August Peters (1817-1864) unter dem Namen Louise Otto-Peters. Sie und ähnlich gesinnte Frauen wollten die Frage wieder auf die Tagesordnung bringen, welche Rechte Frauen haben dürften.

Allerdings kam es schon bald zum Preußischen Verfassungskonflikt, der sich zunächst um eine vom König gewünschte, vom Parlament verworfene Heeresreform drehte, was sich aber rasch zu einer Verfassungskrise entwickelte, weil die Regierung, besonders dann unter dem preußischen Ministerpräsidenten Otto von Bismarck, ohne Budget und unter Bruch der Verfassung regierte.

Da in der Zeit politische Reformen kaum in Aussicht standen, konzentrierten sich die Frauenrechtlerinnen auf Verbesserungen in der rechtlichen und wirtschaftlichen Stellung der Frauen. Dabei fand man Gehör etwa im Umfeld des Kongresses Deutscher Volkswirte, der 1858 begründet worden war und liberale Reformen in Deutschland propagierte. Zusammen mit Auguste Schmidt (1833-1902) und Henriette Goldschmidt (1825-1920) gründete Louise Otto-

Peters im März 1865 dann den *„Frauenbildungsverein Leipzig"*. Anläßlich einer Frauenkonferenz im Oktober 1865 in Leipzig wurde schließlich am 18. Oktober 1865 der *„Allgemeine Deutsche Frauenverein"* begründet, die erste Organisation der deutschen Frauenbewegung.

Begleitet wurden diese Aktivitäten mit Wohlwollen von liberaler Seite, auch wenn es je nachdem gewisse Vorbehalte gegen die weiterführenden Ziele gab. Am 20. Februar 1865 hielt etwa Rudolf Virchow (1821-1902), einer der führenden Politiker der Deutschen Fortschrittspartei, eine Rede im Hörsaal des Grauen Klosters, einer Schule in Berlin.[1] Er ging zwar nicht sehr weit in seinen Forderungen, mahnte aber eine bessere Erziehung und Bildung der Frauen an.

Im Oktober 1865 schlug der liberale Politiker Wilhelm Lette (1799-1868) im *„Centralverein für das Wohl der arbeitenden Klassen"* die Gründung eines Vereins vor, der Frauen bessere berufliche Möglichkeiten erschließen sollte.[2] Im folgenden Jahr wurde daraufhin der noch heute bestehende *„Lette-Verein"* als *„Verein zur Förderung der Erwerbstätigkeit des weiblichen Geschlechts"* unter dem Protektorat und

---

[1] *Diese erschien auch 1865 im Druck unter dem Titel „Ueber die Erziehung des Weibes für seinen Beruf". Eine Neuausgabe wird bei Libera Media erscheinen.*

[2] *Im Druck 1865 erschienen als: „Denkschrift über die Eröffnung neuer und die Verbesserung bisheriger Erwerbsquellen für das weibliche Geschlecht". Eine Neuausgabe wird bei Libera Media erscheinen.*

mit Unterstützung der liberal gesinnten preußischen Kronprinzessin Viktoria (1840-1901) begründet. Dieser rief in den folgenden Jahren berufliche Schulen für Frauen ins Leben, etwa für Setzerinnen, Buchbinderinnen und auch in neuen Bereichen etwa für Telegraphistinnen. Als Inspiration dient dabei die 1859 in England begründete „Society for Promoting the Employment of Women".

Auftrieb gerade in liberalen Kreisen erhielten die Anliegen des Allgemeinen Deutschen Frauenvereins durch einen der prominentesten Liberalen der Zeit: John Stuart Mill (1806-1873), der seit 1865 dem britischen Unterhaus angehörte. Dort verlangte er immer wieder, so etwa im Juli 1866 aus Anlaß einer Petition, daß den Frauen das Wahlrecht eingeräumt werden solle. Ihnen das aufgrund ihres Geschlechts vorzuenthalten, sei „eine völlig belanglose Erwägung" (an entirely irrelevant consideration). In dem Zusammenhang erinnerte John Stuart Mill auch daran, daß Großbritannien von einer Königin regiert werde, Queen Victoria (zugleich die Mutter der preußischen Kronprinzessin Viktoria). Wenn das möglich, ja sogar erfolgreich sei, dann sollte das Wahlrecht wohl auch kein Problem darstellen.

Nach dem Deutschen Krieg gegen Österreich entstand der Norddeutsche Bund mit einem Reichstag, der die Grundlagen für das entstehende Deutsche Reich in rechtlicher und wirtschaftlicher Hinsicht legen sollte. Hiermit wurde politische Aktivität wieder aussichtsreich. Die Frauen um den Allgemeinen Deutschen Frauenverein versuchten entsprechend 1867 mit einer Petition an das Parlament ihre Interessen voranzutreiben. Ihre Forderungen waren dabei relativ bescheiden: Frauen sollten im ganzen Norddeutschen Bund zum Post- und Telegraphendienst zugelassen werden, wie dies in Sachsen bereits der Fall war. Das scheiterte zwar im ersten Anlauf, ähnlich wie ein Vorstoß des *„Vereins zur Förderung der Erwerbstätigkeit des weiblichen Geschlechts"* im Jahre 1869, wurde aber Anfang der 1870er Jahre dann doch erlaubt. Einen gewissen Erfolg stellte es auch dar, daß die von Mitgliedern des Kongresses deutscher Volkswirte ausgearbeitete Gewerbeordnung von 1869 keinen Unterschied zwischen Männern und Frauen machte.

Die liberale Phase seit der Gründung des Norddeutschen Bundes 1867 ging in den späten 1870er Jahren zu Ende. Die Entwicklung war deshalb in Deutschland in den folgenden Jahrzehnten viel schleppender als in anderen Ländern, wie etwa der Schweiz, Großbritannien und den USA. Zwar regten die Freisinnigen, die Nachfolger der Deutschen Fortschrittspartei, in den 1890er Jahren an, daß Frauen der Zugang zu den Universitäten erlaubt und ihre Stellung in der Ehe verbessert werden sollte. Allerdings kam es für erste nicht dazu.

Immerhin durften Frauen ab 1896 in Preußen als Gasthörerinnen Vorlesungen besuchen, und das Frauenstudium wurde schließlich dann doch schrittweise in den deutschen Staaten zugelassen, 1900 in Baden, 1904 in Württemberg und 1908 in Preußen. Das Wahlrecht erhielten Frauen aber erst in der Weimarer Republik.

Hansjörg Walther

Zur Edition

Die vorliegende Wiederveröffentlichung der Schrift von Franz von Holtzendorff folgt dem Original von 1867. Sperrungen zur Hervorhebung wurden nachgeahmt. Die Anmerkungen des Originals waren Endnoten, wurden aber hier in Fußnoten umgewandelt, um dem Leser das Blättern zu ersparen. Sie sind nicht-kursiv gesetzt, und an ihrem Anfang steht in eckigen Klammern jeweils die ursprüngliche Numerierung vermerkt.

Kursiv gesetzte Fußnoten stammen vom Herausgeber und enthalten Erläuterungen, Verweise und Hintergrundmaterial. Bei der Kommentierung wurden im Zweifelsfall zu viele als zu wenige Worte und Sachverhalte erläutert, da für heutige Leser manches nicht mehr unmittelbar verständlich ist und keine hohen Anforderungen an das Hintergrundwissen gestellt werden sollten.

In eckigen Klammern und mit kleinen Lettern ist die ursprüngliche Paginierung vermerkt, wobei im Fall von Trennungen zusätzliche Bindestriche nach der Seitenzahl eingefügt wurden. Am Kapitelanfang wurde die Paginierung aus ästhetischen Gründen nach er Überschrift eingefügt.

Da das Buch auch als Teil der von Franz von Holtzendorff und Rudolf Virchow herausgegebenen *„Sammlung gemeinverständlicher wissenschaftlicher Vorträge"* veröffentlicht wurde, und zwar als Heft 40 der Zweiten Serie, Jahrgang 1867, gibt es eine weitere Paginierung, die sich auf diese Sammelausgabe bezieht. Sie beginnt mit der Seitenzahl 593, während die Paginierung des Separatdrucks ab der Seitenzahl 5 läuft.

Ueber
die Verbesserungen in der gesellschaftlichen und wirthschaftlichen Stellung der Frauen.

von

Dr. Fr. v. Holtzendorff.

[5/593] Unter den hervorragenden Aufgaben, an deren Lösung die gegenwärtige Zeitperiode arbeitet, nimmt auch die F r a u e n f r a g e[1] eine bemerkenswerthe Stelle ein. Manche sind zwar geneigt, zu glauben, daß die Aufstellung einer derartigen Frage als ein Zeichen beginnender Entartung[2] in unseren Gesellschaftszuständen zu erachten und deswegen von vornherein als unberechtigt zu verwerfen sei.

Dieser vorurtheilsvollen und voreiligen Betrachtungsweise ist indessen entgegen zu halten, daß ganz ohne Rücksicht auf den etwa eintretenden Erfolg, selbst auf die Gefahr unliebsamer Veränderungen, jede Angelegenheit des menschlichen Zusammenlebens, jede Streitfrage der Gesellschaft ein Anrecht darauf hat, wissenschaftlich geprüft zu werden. Es liegt im Geist unseres Jahrhunderts, Alles zu untersuchen, Alles zu erforschen. Die Naturwissenschaften haben sich ihre Bahn erkämpft gegen eine furchtsam, um die In-

---

[1] *Als "Frage" wird in der Zeit eine gesellschaftliche Situation oder Entwicklung bezeichnet, die öffentlich diskutiert wird mit dem Ziel, eine Antwort zu finden, die den Mißstand abstellt. Eine analoge Bildung wäre die "soziale Frage" für Probleme im Zusammenhang mit der Industrialisierung und Verstädterung.*

[2] *Aus der Art Schlagen im Sinne einer negativ empfundenen Abweichung von der Art, wie etwas sein sollte.*

1

teressen der Religion besorgte Geistlichkeit, und die Staatswissenschaften[1] haben unzweifelhaft nicht nur das gleiche Recht, sondern sogar die Pflicht, unbesorgt um die mögliche Verletzung hergebrachter Vorstellungen, die Bedingungen und Gesetze eines herrschenden Gesellschaftszustandes [6/594] zu ergründen. Allerdings müssen sie darauf gefaßt sein, daß die von ihnen entdeckten Wahrheiten und Grundsätze viel langsamer in die Wirklichkeit treten, als die schnell umlaufenden Werthzeichen[2] der Naturwissenschaft.

Wir haben die letzten Gründe der staatlichen Berechtigung, den Verbrecher zu strafen, nahezu ein Jahrhundert hindurch untersucht; wir fragen nach den Vorzügen der einen Staatsform vor der andern, wir verlangen überall nach einem Rechtstitel[3] für diese Überlieferungen in Staat und Kirche; wir suchen eine Gränze[4] zwischen der nothwendigen Macht der Gesammtheit und der Freiheit der Einzelnen — und es

---

[1] *Oberbegriff für Disziplinen, die sich mit Wesen und der Organisation des Staates befassen. Im heutigen Sinne wären damit Fragen aus den Rechts-, Verwaltungs-, Wirtschafts-, Politik-, und Geschichtswissenschaften sowie der Soziologie gemeint. In der Zeit handelt es sich hauptsächlich um volkswirtschaftliche Studien, ein eigenständiges Fach der Volkswirtschaftslehre entwickelt sich erst allmählich in der Zeit.*

[2] *Allgemein: Bescheinigungen über einen Wert. Im heutigen Sinne würde man eng darunter Briefmarken verstehen, hier sind wohl eher Geldscheine oder ähnliches gemeint.*

[3] *rechtliche Grundlage, die einen Anspruch feststellt.*

[4] *alte Schreibweise für: Grenze.*

sollte der Mühe nicht lohnen, oder gar unzulässig sein, die Grundverhältnisse der Geschlechter vom Standpunkte des Rechts und der Vernunft zum Gegenstande der Forschung zu machen? Jeder ernsthafte und gewissenhafte Versuch der Aufklärung auf diesem Gebiete kann nur nützlich wirken, sei es, daß er zu einer Anerkennung. des Bestehenden, sei es, daß er zur Enthüllung bisher verborgener oder theilweis verborgener Mängel und in weiterer Folge zur Anregung wirksamer Verbesserungen führt. Von vornherein wird man sich freilich dessen bewußt sein müssen, daß wenige Aufgaben mit so großen Schwierigkeiten verknüpft sind, wie die Untersuchung über das rechtlich angemessene Verhältniß der Geschlechter zu einander, zur Familie und zum Staate.

Einerseits ist nämlich nicht zu leugnen; daß, wenn man auch nach einer vernünftigen und vom berechnenden Verstande gut zu heißenden Lösung, unbekümmert um die Verjährungsfristen[1] der geschichtlich gewordenen Einrichtungen streben darf, d e r   b e s t e h e n d e n   S i t t e unter allen Umständen eine Bedeutung ganz allgemein zugestanden wird. Andererseits darf aber deren Macht nicht so weit gehen, daß der Gedanke ihrer Umbildung[2] zu höheren Entwickelungsstufen einfach von der Hand [7/595] gewiesen würde. Diese Ansprüche des überlieferten Herkom-

---

[1] *Frist, nach der ein Anspruch nicht mehr durchgesetzt werden kann, bzw. eine Strafverfolgung nicht mehr möglich ist und eine Strafe nicht mehr vollstreckt werden darf.*

[2] *Reform, Veränderung.*

mens und der neu hervortretenden Bedürfnisse mit einander zu versöhnen, hat gerade dann seine Schwierigkeiten, wenn die streitenden Theile, nach eingetretener Erschöpfung ihrer logischen Hülfsquellen an das Empfindungsvermögen Berufung einlegen. Und gerade dies geschieht zumeist bei der Besprechung der Frauenfrage, indem die weiblichen Verfechterinnen durchgreifender Aenderung vorwiegend mit den logischen Folgerungen eines von ihnen aufgestellten Grundprincips; die männlichen Vertheidiger eines überlieferten Rechtszustandes mit der Verwerfung auf die Alleinberechtigung des Zartgefühls[1] ihre Lehrsätze zu begründen suchen.

Schon der oberflächliche Blick auf die Geschichte der menschlichen Cultur[2] belehrt uns, daß thatsächlich und rechtlich die Beziehungen der beiden Geschlechter keineswegs auf eine einfache und ständige Formel zurückgeführt werden können. Angesichts aller Wechselfälle[3] und großer Mannigfaltigkeit[4] in der Geschichte läßt sich indessen schwerlich leugnen, daß bisher gewisse Grundmerkmale der Verschiedenheit in dem Lebensberufe[5] der Geschlechter nirgends verschwun-

---

[1] *Taktgefühl, Einfühlungsvermögen, Zurückhaltung.*

[2] *"Kultur" hier in einem sehr weiten Sinne, inklusive gesellschaftlicher, wirtschaftlicher und politischer Erscheinungen.*

[3] *unterschiedliche Situationen, die sich durch Entwicklungen, auch zufällige, ergeben können.*

[4] *Vielfalt.*

[5] *Beruf hier im Sinne von: Zweck, Aufgabe, Berufung.*

den sind. Selbst solche, denen die Fingerzeige der Jahrtausende nichts gelten, vermögen kaum den Glauben festzuhalten, daß es in der Zukunft gelingen könnte, alle anderen Geschlechts-Unterschiede, außer den körperlichen und sinnlich wahrnehmbaren, einfach als nicht vorhandene aus der Welt der Thatsachen zu entfernen.

Soweit, als Beobachtung und Erfahrung irgendwie berechtigt erscheinen, darf man behaupten, daß der verschiedenen Körpergestalt, dem verschiedenen Maß an Kräften und Ausdauer, der verschiedenen Größe des Wuchses auch verschiedene geistige Anlagen und Eigenthümlichkeiten des Charakters, angeborene Neigungen und Fähigkeiten in jedem der beiden Ge-[8/596]-schlechter durchschnittlich entsprechen. Ferner darf behauptet werden, daß von solchen allgemeinen Erscheinungen Abweichungen und Ausnahmen überall vorgekommen sind. Selbst wenn man den Einwand zulassen wollte, daß die geistige Leistungsfähigkeit des weiblichen Geschlechts nach ihrem wahren Werthe und ihrer nützlichen Verwendbarkeit keinen gerechten Maßstab finden könne an solchen Wahrnehmungen, die früheren und weniger gebildeten Zeitperioden angehören, so bleibt doch unter allen Umständen jene Ueberzeugung von dem Vorhandensein wesentlicher und tief liegender Verschiedenheiten unerschüttert.

Die Voraussetzung, daß das weibliche Geschlecht seine Fähigkeiten in einem isolirten Zustande, unabhängig von den Einwirkungen des anderen Geschlechts, unabhängig ferner von Staat und Gesellschaft entwickeln könnte, ist nirgends gegeben und nirgends zu erlangen. Schon aus diesem Grunde wird niemals darzuthun[1] sein, daß in Ermangelung der durch den heutigen Gesellschaftszustand gezogenen Schranken, auf a l l e n G e b i e t e n des geistigen, wissenschaftlichen, künstlerischen, politischen Lebens eine völlige Gleichheit der Geschlechter in gesellschaftlicher Hinsicht sich ergeben würde.

Der gleiche Werth, aber nicht die gleiche Art der jedem Geschlechte gestellten Lebensaufgabe kann ein Gegenstand des Beweises sein, wenn man die Leistungen beider Geschlechter nach ihrer Bedeutung für die menschliches Gesellschaft und deren Culturinteressen[2] miteinander vergleichen wollte.

Gleichartigkeit des gesammten Lebensberufes und demgemäß die Austilgung[3] aller an einer ideellen Arbeitstheilung haftenden Vorstellungen wäre denkbar bei einer Betrachtungsweise, die nur die einzelnen Personen ins Auge faßt. Undenkbar aber unter Voraussetzung der F a m i l i e, deren Einrichtung, Bestand und Wesen auf dem Grundgedanken der Verschieden-[9/597]-artigkeit des geistigen Lebensberufes, der Ausgleichung und Ergänzung einseitiger Befähigungen unwandelbar begründet bleibt.

Aufhebung der Familie wäre somit das wesentliche und unumgängliche Erforderniß für die Herstellung

---

[1] *erläuternd darlegen, zum Ausdruck bringen.*

[2] *Interessen der Kultur, wobei „Kultur" umfassend als alle Schöpfungen des Menschen, inklusive sozialen, wirtschaftlichen und politischen Einrichtungen, verstanden ist.*

[3] *Vernichtung, Ausrottung, Beseitigung.*

jener absoluten Gleichheit unter den Angehörigen der beiden Geschlechter, welcher gemäß weder Besonderheiten der Tracht und der Kleidung, noch Besonderheiten des Berufes eine Geltung beanspruchen sollen. Einige klar sehende Frauen, welche die radicale Gleichstellung in allen Beziehungen zur Zeit der französischen Revolution verlangten[1], schreckten auch in der That vor einer Kriegserklärung gegen die Familie nicht zurück. Sie begriffen, was sie begreifen mußten: daß innerhalb der Familie das gegenseitige Einverständniß der Ehegatten und die sittliche[2] Macht der Erziehung stark genug sein würden, um den Glauben an die V e r s c h i e d e n a r t i g k e i t des Lebensberufes in die nachwachsenden Geschlechter zu verpflanzen.

Für den Staat, für die Organisation der Gesellschaft und das innere Leben der Familie wäre somit nicht das Mindeste entschieden, wenn man etwa aus einer und derselben Bildungsschicht zufällig hundert einzelne Frauen mit hundert männlichen Individuen hinsichtlich ihrer geistigen Fähigkeiten vergleichen, und bei einem solchen Verfahren zu der Einsicht gelangen könnte, daß — abgesehen von den positiven durch Unterricht vermittelten Kenntnissen — auf jeder Seite Scharfsinn, Klugheit, Beobachtungsgabe, Gedächtniß, Temperament, Characterfestigkeit nach

---

[1] *Gedacht ist hier vermutlich an Olympe de Gouges (1748-1793), eine französische Frauenrechtlerin und Schriftstellerin, die 1791 eine "Erklärung der Rechte der Frau und Bürgerin" verfaßte.*

[2] *„sittlich" hat noch nicht die heute verengte Bedeutung, sondern ist hier im allgemeinen Sinne von „moralisch" oder „ethisch" zu verstehen.*

einem gewissen Durchschnitt nahezu gleich vertheilt
wären. Sobald jene hundert. Personen sich durch Eheschließung zu fünfzig Familien verbinden, würde die
Ungleichheit in der Art der Berufsthätigkeit, die Vertheilung der Arbeitsleistungen sich mit Nothwendigkeit vollziehen. Die Betrachtung der rein individuellen
Lebenszweckes ist daher überall, wo es auf [10/598] eine
Untersuchung der Frauenfrage ankommt; sehr wohl zu
trennen von der Würdigung der den Frauen innerhalb
der Familie zukommenden Stellung. In weiterer Folge
ist auch daran festzuhalten, daß der Staat sein Verhalten gegen die Frauen wesentlich mit Rücksicht
auf das Princip der Familie einzurichten hat, in
welchem sich seine eigenen Angelegenheiten mit denen des Einzellebens berühren und durchdringen.
Nach diesem obersten Maßstab, der in dem Rechtsbe-
stand der Familie liegt, sind die Normen festzusetzen
auch für das außerhalb der Familie liegende Verhältniß
der Angehörigen des einen oder anderen Geschlechts,
wofür die individuelle Freiheit den nothwendig
ergänzenden Grundsatz an die Hand giebt.

In der Thatsache, daß Begründung der Familie
durch Eheschließung und Einzelexistenzen sich in der
neuesten.gesellschaftlichen Entwickelung weniger
decken, als zu früheren Zeiten, wurzeln vorzugsweise
jene Erscheinungen und Störungen, jene namentlich
das weibliche Geschlecht betreffenden Mißstände, deren Beseitigung in der Gegenwart mit Ernst und
Nachdruck in Angriff genommen wird. In den Vor-
dergrund tritt eben deswegen die Frage, wie sich der
Berufskreis des männlichen Geschlechts zu demjeni-

gen der Frauen verhalte, ob dessen bisherige Abgrän-
zung[1] der Gerechtigkeit entspreche, welche Zuge-
ständnisse dem Verlangen nach einer Erweiterung des
den Frauen überwiesenen Rechtsbezirkes gemacht
werden dürfen, ohne die wichtigsten Aufgaben der
Gesellschaft zu schädigen.

Bei einer derartigen Gränzstreitigkeit, wie die vorliegende, befindet sich begreiflicherweise der besitzende Theil, dessen Rechtstitel angegriffen wird, in einem
Vortheil. Soweit von den Frauen Antheilnahme[2] gefordert wird an Berechtigungen, in deren Genuß sich
bisher die Männer allein befanden, müssen. [11/599] sie
darauf gefaßt sein, alle diejenigen Einwendungen zu
hören, in deren Aufstellung sich jedes in seinem Be-
sitzstande bedrohte Interesse so erfinderisch erweist.
Bei der Prüfung dieser Ansprüche, die von den Frauen
als dem klagenden Theile erhoben werden, ist freilich
unmöglich von der Annahme auszugehen, welche eine
geistige und moralische Ueberlegenheit des männlichen Geschlechts behauptet. Soweit die Familie nicht
in Betracht kommt, für welche die Verschiedenheit der
geistigen Funktionen und Thätigkeitskreise durch das
allgemein menschliche Bewußtsein als eine auch gesetzlich zu würdigende Thatsache Geltung sucht, ist
vielmehr von der wesentlichen Gleichheit nicht nur
der persönlichen Freiheit, sondern auch der moralischen und geistigen Befähigung, für die Angehörigen
beider Geschlechter auszugehen.

---

[1] *alte Form von: Abgrenzung.*

[2] *Teilnahme.*

Franz von Holtzendorff

Diesem Grundgedanken der Rechtsgleichheit entsprechen auch die wesentlichsten Bestimmungen des heutigen bürgerlichen Rechts in Deutschlands. Selbstständige Frauen; also diejenigen, weiche weder durch minderjähriges Alter, noch durch väterliche Gewalt, oder durch die Vertretungsbefugniß des Ehegatten[1] an der vollen Verfügungsfreiheit gehemmt sind, genießen im Rechtsverkehre nahezu gleiche Anerkennung hinsichtlich ihrer Willensbestimmung mit den Männern. Sie können nach eigenem Ermessen kaufen und verkaufen, veräußern und erwerben, Testamente errichten und sich mit Schulden belasten. Nur bei einigen wenigen Rechtsgeschäften, wie beispielsweise der Uebernahme von Bürgschaften, bestehen noch Ausnahmen, welche je nach dem Standpunkte der Beurtheilung entweder als den Frauen vortheilhafte oder nachtheilige Rechtsvorschriften angesehen werden können. Da ihre Grundlage, mei-

---

[1] *Die Bevormundung insbesondere von verheirateten Frauen ist sehr langlebig. Erst das Gleichberechtigungsgesetz 1958 beseitigt das Recht des Ehemanns, das Arbeitsverhältnis seiner Frau jederzeit fristlos ohne Angabe von Gründen zu kündigen. Allerdings brauchen Frauen noch bis 1977 die Erlaubnis ihres Gatten, um eine Erwerbsarbeit aufzunehmen. Ebenfalls 1958 wird das alleinige Bestimmungsrecht des Ehemanns über Frau und Kinder aufgehoben. Frauen dürfen ab demselben Jahr auch ohne Erlaubnis den Führerschein machen. Ab 1962 dürfen Frauen ohne Zustimmung ihres Mannes ein Bankkonto eröffnen und verwalten. Ab 1969 sind verheiratete Frauen geschäftsfähig.*

stentheils keine andere war, als eine wohlwollende Rücksichtnahme auf eine vermeintliche Character-[12/600]-schwäche und Rechtsunkunde nach den Bestimmungen des Römischen Rechts[1], so würde die Angemessenheit dieser zum Schutze der Frauen ehemals gegebenen Privilegien[2] heut zu Tage sicherlich bezweifelt werden können, wenn die Aufhebung nicht aus dem Grunde der Unwirksamkeit und Unzweckmäßigkeit von der Mehrzahl einsichtiger und erfahrener Juristen schon längst gefordert worden wäre. Es hat sich bis zur vollsten Klarheit ergeben, daß auf der heute erreichten Stufe gesellschaftlicher Entwickelung jene Auszeichnungen den sicheren Gang des Rechtsverkehrs beirren[3] und überdies in einer die öffentlichen Wahrheitsinteressen gefährdenden Weise durch Umgehung des Gesetzes hinfällig gemacht werden.

Wir sehen also:

Nichts verhindert die Frauen, ihre Rechtsansprüche vor Gericht zu verfolgen. Soweit jene Vorausset-

---

[1] *Vor allem das Corpus Iuris Civilis, das von 528 bis 534 n. Chr. im Auftrag von Kaiser Justinian aus Kaisererlassen, überarbeiteten Lehrbüchern und Schriften der römischen Juristen zusammengestellt wurde. Die Tradition des römischen Rechts hatte besonders auf die kontinentalen Rechtssysteme einen erheblichen Einfluß.*

[2] *Vorrechte, aber auch Sonderrechte, die nicht unbedingt vorteilhaft sein müssen und dann als „privilegia odiosa" bezeichnet werden.*

[3] *in die Irre führen.*

zung der Selbstständigkeit zutrifft, belastet sie das Gesetz mit gleicher Verantwortlichkeit, wie den Mann.

Anders verhielt es sich im Mittelalter. Obwohl man in der feineren Gesellschaft die Frauen vergötterte, hielt man sie unter beständiger Vormundschaft. Ein alter Grübler soll darüber geschrieben haben: weswegen die Madonna eines Vormundes nicht bedürfe. Alle Rechtsangelegenheiten der Frauen waren durch männliche Machthaber vor Gericht zu vertheidigen. Für die früheren Zeiten des Mittelalters fehlte ihnen das üblichste Mittel, streitige Rechte[1] zu erhärten und gegen den Widerspruch zu erweisen. Es fehlte ihnen das Beweismittel, welches damals fast allein zu überzeugen vermochte; kräftige Muskeln und ein scharfes Schwert, beide erforderlich zum Kampfbeweise, in Erinnerung an welchen wir noch heute vor Gericht von dem „unterliegenden Theile" zu sprechen pflegen.[2] In solchen Zeiten war das den Männern obliegende[3] Vertre-[13/601]-tungsrecht gegen und für gerichtliche Ansprüche ein wohlthätiger Schutz des

---

[1] *Rechte, die bestritten wurden oder umstritten waren.*

[2] [Endnote 1:] Näheres in Grimm's deutschen Rechtsalterthümern.

Sehr genaue und gründliche Nachweisungen giebt auch die neueste Schrift eines Amerikaners: Henry C. Lea. Superstition and Force. Essays on the Wager of Law. The Wager of Battle. The Ordreal. Torture. Philadelphia 1866. In England ist der Kampfbeweis erst 1819 ausdrücklich aufgehoben in Veranlassung eines bekannten Falles.

[3] *als Aufgabe zufallen, von ihm bewältigt werden müssen.*

„schwächeren Geschlechts". An die Stelle des Beweises durch „ein gutes Schwert" trat indessen allmählig der Beweis durch gute Logik. Die alte G e -s c h l e c h t s v o r m u n d s c h a f t kam in Verfall; sie wurde überflüssig und größtentheils beseitigt. Nur an einzelnen wenigen Punkten Deutschlands erhielt sich die alte Einrichtung und der Glaube an die Unmündigkeit des weiblichen Geschlechts. So bedarf in Hamburg die Frau zur Vornahme gerichtlicher Acte[1] eines Curators[2] noch heute; eine völlig zwecklose Formalität, über welche sich der Spott der Einsichtigen verbreitet und zu deren Vertheidigung sich nur das eine sagen läßt, daß die von jungen oder älteren Fräulein zu bewirkende Auswahl eines Curators Gelegenheiten darbietet, sich gegen die Wünsche der Wählenden zuvorkommend und gefällig zu erweisen. Die Abschaffung dieser letzten Reste des Mittelalters ist mit vollem Rechte von Seiten der Rechtsverständigen selbst gefordert worden.

In Deutschland bleibt also in Beziehung auf die privatrechtliche Gleichstellung der Frauen nur noch sehr wenig zu thun. Höchstens wäre zu erwägen, ob die Rechte des Ehemannes an dem der Gattin zugehörigen Vermögen einer Verringerung im Interesse der weiblichen Selbständigkeit zu unterwerfen wären, ob die freieren Grundsätze des Römischen Rechts an die

---

[1] *hier: Rechtsvorgang, juristisches Verfahren.*

[2] *Vormund, Pfleger.*

Stelle der deutschrechtlichen[1] Beschränkungen angenommen werden sollen. Eine entschiedene und klare Meinung über diesen Punkt hat sich indessen weder unter den Juristen, noch unter dem Volke selbst herausgebildet. Sehr verschiedene, sogar höchst mannigfaltige, zuweilen bunt durch einander gewürfelte Rechtssätze gelten in verschiedenen Gegenden Deutschlands[2]. Land und Stadt, Hoch und Niedrig, Bürger und Bauer hängen an ihrer alten Sitte, oder beruhigen sich bei dem beste-[14/602]-henden Gesetz, an dem durch freien Vertrag nur selten geändert wird.

Anders verhält es sich in England. Unter den höheren Ständen werden die wichtigsten vermögens- und erbrechtlichen Angelegenheiten der Ehegatten durch Vertrag im Voraus geordnet.[3] Denn das Landesrecht nöthigt hier zur Vorsicht durch seine alterthümlichen

---

[1] *Das deutsche (im Gegensatz zum römischen) Recht ist das auf germanische, vor allem sächsische und fränkische, Rechtsvorstellungen zurückgehende Recht.*

[2] *Bis zum Inkrafttreten des Bürgerlichen Gesetzbuchs im Jahre 1900 gab es in Deutschland mehrere Rechtssysteme: das Preußische Landrecht (in den alten preußischen Gebieten, aber nicht in den späteren Erwerbungen), das Gemeine Recht (in einem Gebiet von Holstein im Norden bis Bayern im Süden), das Sächsische Bürgerliche Gesetzbuch (im Königreich Sachsen), das badische Landrecht (im Großherzogtum Baden), den französischen Code Civil (in den linksrheinischen, ehemals französischen Gebieten) und das Dänische Gesetzbuch (in Schleswig, Teil der preußischen Provinz Schleswig-Holstein).*

[3] [Endnote 2:] Tabor, on the property of the married women. Law Magazine. N. 5. Vol. 1. pag. 391. 1862.

Über die Verbesserungen in der Stellung der Frauen

Bestimmungen über die Rechts- und Handlungsfähigkeit der Frauen, von denen ein Schriftsteller behauptet, daß sie den Krüppeln, Unmündigen und Blödsinnigen gesetzlich gleichgestellt seien.

Fast unbegreiflich klingt es in unseren Ohren, daß nach dem gemeinen Rechte[1] Englands die Ehefrau keine Verantwortlichkeit trägt für die Verbrechen, welche sie in Gegenwart ihres Gatten begeht. Abgesehen von einigen wenigen schwersten Verbrecherfällen oder von erheblichen Krankheiten des Ehemannes, die ihn an dem Gebrauch seiner Gliedmaßen hindern, nimmt das Gesetz an, daß der eheliche Gewalthaber stark genug ist, seine Frau von der Begehung einer Missethat abzuhalten. Unterläßt er diese Erfüllung seiner Pflicht; so trifft ihn auch zunächst die Verantwortlichkeit. Schadenszufügungen, begangen von Frauen, sind ebenso zu ersetzen, als wären sie durch Hausthiere begangen worden. Ursprünglich lag auch hier der tiefere Grundgedanke vor, daß der Schwächere gegen die Anforderungen des Stärkeren durch seinen Gewalthaber zu vertreten sei. Für die Gegenwart ist es jedoch vollkommen begreiflich, daß englische und amerikanische Frauen die Zuvorkommenheit des mittelalterlichen Gesetzes verschmähend, volle Verantwortlichkeit für sich fordern und ihre Gleichstellung mit Unmündigen als beleidigenden empfinden.[2]

---

[1] *Common Law.*

[2] [Endnote 3:] Ueber die V e r b r e c h e n der Frauen habe ich einige statistische Mittheilungen gemacht in einem Aufsatze, der in Steffens Volkskalenders (1865) abgedruckt ist.

Völlig verschieden von den bisher besprochenen Verhältnissen des Privat- und Strafrechts deren Wesen auf der Gleich-[15/603]-heit der persönlichen Berechtigungen und Verpflichtungen beruht; verhält sich gegenüber den Anforderungen der Frauen das ö f f e n t - l i c h e R e c h t i n S t a a t , K i r c h e u n d G e m e i n - d e . Thätig eingreifende Antheilnahme an dem Gange der öffentlichen Angelegenheiten, die Verwaltung der Staatsämter, die Wahlberechtigung und Wählbarkeit, Ehren und Pflichten des Waffendienstes sind dem männlichen Geschlechte vorbehalten. Das preußische Vereinsgesetz untersagt sogar im Hinblick auf gewisse der öffentlichen Ordnung und der guten Sitte zuwiderlaufende Vorkommnisse früherer Jahre den Frauen die Mitgliedschaft und Antheilnahme in politischen Vereinen. Einige deutsche Strafproceß-Ordnungen dulden nicht einmal die Gegenwart von Frauen bei sonst öffentlichen Gerichtssitzungen.

Während in Deutschland die Stimmen derer, welche diese Zustände von Grund aus verändern wollen, noch in sehr großer Minderheit befindlich sind und kaum ernsthafte Beachtung finden, macht man in England und vorzugsweise in Amerika beträchtliche Anstrengungen, um den Frauen Eingang zu verschaffen in die bis jetzt verschlossenen Portale[1] des Staatsgebäudes.

---

[1] *ein großes repräsentatives Tor.*

Über die Verbesserungen in der Stellung der Frauen

Unter den politischen Rechtsforderungen steht in erster Reihe der Anspruch auf das active Wahlrecht[1]. Eine Anzahl höchst achtungswürdiger Blätter vertritt in Amerika die Sache der Frauen. In England sind es Gelehrte ersten Ranges, wie John Stuart Mill[2] [3] und Professor Fawcett[4], die sich zum Anwalt dieser Bestrebungen im englischen Parlament gemacht haben. Wiederholentlich hat sich das englische Unterhaus einer Berathung über das Frauenwahlrecht unterzogen. Daß es sich hier nicht um sonderbare Grillen[5], sondern um ernsthafte Politik handelt, ergiebt sich aus der Thatsache, daß die auf das Wahl-[16/604]-recht be-

---

[1] *Fähigkeit, bei einer Wahl seine Stimme abgeben zu dürfen (im Gegensatz zum passiven Wahlrecht, das dazu berechtigt, als Kandidat gewählt zu werden).*

[2] [Endnote 4:] Insbesondere in seiner Parlamentsrede vom 20. Mai 1867, die auch besonders gedruckt ist: Speech of John Stuart Mill, M. P. on the admission of women to the electoral Franchise. Spoken in the House of Commons. May 20. 1867. London. 1867.

[3] *John Stuart Mill (1806-1873) war ein englischer Philosoph, Ökonom und einer der einflußreichsten liberalen Denker des 19. Jahrhunderts. Er war seit 1865 Mitglied des Unterhauses und vertrat dort das Frauenwahlrecht. Sein Buch "The Subjection of Women" erschien 1869.*

[4] *Henry Fawcett (1833-1884) war ein englischer Volkswirt und liberaler Politiker. Er setzte sich für das Frauenwahlrecht ein.*

[5] *Schrulle, sonderbarer Gedanke oder Einfall.*

Franz von Holtzendorff

züglichen Petitionen[1] von Tausenden höchst ehrenwerther Frauen aus der besten Gesellschaftsklasse unterzeichnet waren.

Die Bittstellerinnen sagen zur Begründung ihres
Gesuches etwa Folgendes:

„Die Gerechtigkeit verlangt, daß die Angelegenheiten der Frauen in der Gesetzgebung nicht lediglich
von solchen geordnet werden, welche von der Anschauung ausgehen, die Frau befinde sich in einem
Unterwerfungs-Verhältniß zum männlichen Geschlecht. In wichtigen Fragen der Erziehung, in Sachen des ehelichen Güterrechts und in ähnlichen Dingen verdient die Stimme der Frauen Beachtung. Ihr
entgegnet uns, daß die wahren Interessen des weiblichen Geschlechts durch die nächsten männlichen Angehörigen genügend vertreten werden. Darüber müssen wir indessen selbst am besten urtheilen. Zudem
handelt es sich ja nicht allein um verheirathete Frauen
und Töchter im elterlichen Hause, sondern auch um
die zahlreiche Klasse derjenigen, welche allein im Leben auf sich angewiesen sind.

„Es giebt nur drei denkbare Grundlagen für die
Berechtigung, an der Wahl der Volksvertretung Theil
zu nehmen. Entweder der Gedanke der Gesellschaftsklassen in der ständigen Monarchie[2]; in diesem Falle

---

[1] Unterschriftensammlung, gerichtet an ein Parlament.

[2] Gemeint ist dabei ein System, in dem die Untertanen in unterschiedliche Stände (Adel, Klerus, dritter Stand) eingeteilt sind
und die Stände gewisse Rechte haben, die von ihren Vertretern,
aber nicht von Vertretern des gesamten Volks ausgeübt werden.

Über die Verbesserungen in der Stellung der Frauen

werdet Ihr anerkennen müssen, daß die Frauen mit gleichem Rechte als besondere Klasse der Bevölkerung anzusehen sind, wie die mit Wahlrecht ausgestatteten Berufsklassen des männlichen Geschlechts, umsomehr, als Ihr ja beständig auf das Eigenthümliche und Absonderliche unseres weiblichen Berufs[1] hinweist. Oder der Gedanke der Besitz- und Besteuerungs-Interessen, welche nach den bis jetzt herkömmlichen[2] Anschauungen im Parlament vertreten sein sollten; in diesem zweiten Falle sind die besitzenden und verfügungsberechtigten Frauen innerhalb des Census[3] gewiß [17/605] berechtigt. Oder endlich drittens der demokratische Gedanke der völlig gleichen Berechtigung der einzelnen menschlichen Person in der Antheilnahme an der Bildung der Volksvertretungen; in diesem letzten Falle des allgemeinen gleichen persönlichen Wahlrechts ist noch viel weniger Grund zur Ausschließung der Frauen. Wenn das Wahlrecht ein Klassenrecht ist, so sind wir e i n e Klasse[4]. Wenn es ein Besitzrecht ist, so giebt es besitzende Frauen; wenn es ein Menschenrecht ist, so sind wir gewiß Menschen. Ob wir das Wahlrecht weise oder unweise ausüben würden, das kann kein Grund der Vorenthaltung sein. Auch die Männer machen nicht immer (Manche behaupten so-

---

[1] *Aufgabe, Zweck, Ziel, Berufung.*

[2] *traditionell.*

[3] *Mindestvermögen, um wahlberechtigt zu sein.*

[4] *Der Begriff einer „Klasse" ist in der Zeit noch nicht von der marxistischen Umdefinition betroffen. Gemeint ist hier eine relativ feststehende gesellschaftliche Schicht.*

gar: nur ausnahmsweise) den richtigen Gebrauch von ihrem Wahlrecht. Und wer soll darüber entscheiden, ob wir richtig oder unrichtig gewählt haben? Wenn Frauen in früheren Jahrhunderten herrschten und wenn eine Königin heut zu Tage in England nach allgemeiner Meinung zur Zufriedenheit des Landes regiert[1], weswegen sollten Frauen nicht befähigt sein, zu wählen? Entweder müßt ihr bestreiten, daß Frauen auf den Thron gelangen dürfen, oder ihr müßt zugeben, daß sie die viel geringere Aufgabe des Wählens vollbringen können."

Was Amerika anlangt, so gewinnen die von den Frauen für ihre Stimmberechtigung vorgebrachten Gründe noch mehr Bedeutung durch den Hinweis auf das von der republikanischen Partei[2] geforderte Negerstimmrecht[3]. Da man bisher daran festgehalten, daß der Neger als ein Wesen niederer Ordnung erachtet werden müsse, da man ihm sogar in dem Staate

---

[1] *Königin Victoria (1819-1901) war von 1837 bis 1901 Königin des Vereinigten Königreichs Großbritannien und Irland und ab dem 1. Januar 1877 auch Kaiserin von Indien.*

[2] *Die Republikaner traten für die Befreiung und Gleichberechtigung der Schwarzen ein, die Demokraten waren dagegen.*

[3] *Mit dem 13. Verfassungszusatz, Zustimmung im Senat am 8. April 1864, im Repräsentantenhaus am 31. Januar 1865 und von der hinreichenden Anzahl von Staaten am 18. Dezember 1865 ratifiziert, wurde die Sklaverei in den USA abgeschafft. Erst mit dem 14. Verfassungszusatz (angenommen am 9. Juli 1868) wurden die ehemaligen Sklaven auch Bürger der USA mit gleichen Rechten.*

Über die Verbesserungen in der Stellung der Frauen

Penn's[1] noch jetzt verwehrt, einen bescheidenen Platz im Innern eines Omnibus[2] einzunehmen, da Dampfschiffe seine Beförderung in der ersten Kajüte vielfach verweigern, da ein Künstler wie Ira Aldridge[3] als Schwarzer nicht einmal auf der Bühne ge-[18/606]-duldet wurde[4], so giebt des Negers plötzliche Emporhebung aus tiefster Sklaverei zum höchsten politischen Rechtsgenusse den Frauen einen Vorwand, zu behaupten, daß man sie nicht weiter herabdrücken dürfe, als den Neger. Dazu kommt noch, daß nach der älteren Verfassung von R h o d e - I s l a n d[5] den Frauen politi-

---

[1] William Penn (1644-1718) war ein Quäker (Society of Friends), der wegen seines Glaubens in England verfolgt wurde und in den 1670ern den Plan für eine Siedlung in der Neuen Welt ausarbeitete, wofür er Siedler auch in Deutschland anwarb. König Karl II. machte ihn 1681 zum Gouverneur eines Gebietes, das heute Pennsylvania und Delaware umfaßt. Im selben Jahr gründete William Penn zudem Philadelphia.

[2] Als Omnibusse wurden sogenannte Kremser, eine Art Planwagen, eingesetzt, die von Pferden gezogen wurden. In Deutschland wurde dieser Kutschentyp 1825 in Berlin von Simon Kremser eingeführt. Die erste Buslinie führte vom Brandenburger Tor nach Charlottenburg.

[3] Ira Aldridge (1807-1867) war einer der bedeutendsten schwarzen Schauspieler seiner Zeit.

[4] Aldridge emigrierte 1824 nach Liverpool. In Europa, besonders in Großbritannien, aber auch auf einer Tour 1852 in Deutschland und 1858 sowie 1862 in Rußland, war er sehr erfolgreich. Im Jahre 1863 wurde Aldridge britischer Bürger.

[5] Rhode Island hatte seit 1663 eine "Royal Charter" als Grundlage für seine Gesetzgebung, auf die sich Franz von Holtzendorff

sches Stimmrecht gegeben war. Ihr Verlangen ist somit nicht ohne geschichtlichen Anknüpfungspunkt.

Vom Standpunkt der rein logischen Consequenzen müssen auch die Vertheidiger des allgemeinen gleichen Stimmrechts jeder erwachsenen Person zugeben, daß es keinen Vernunftgrund giebt, um das weibliche Geschlecht auszuschließen. Es läßt sich nicht behaupten, daß die Frauen innerhalb der Volksmassen wahrnehmbar weniger einsichtsvoll wären, als das männliche Geschlecht. Von der politischen Bildung wird ja überdies nach dem Princip des allgemeinen gleichen Wahlrechts nichts abhängig gemacht. Der Gleichgültige, der gesellschaftlich Abhängige, der Schreibensunkundige, der Unwissende, der Lasterhafte erhält nach diesem Systeme sein Recht auf Grund der Gleichheit. Mit Fug und Recht können Frauen der Mittelklasse von sich ein höheres Maß politischer Einsicht behaupten, als die unterste Schicht ländlicher Tagelöhner. Was man gegen das Stimmrecht der Frauen vom Standpunkt des amerikanischen Radicalismus[1]

---

bezieht. 1842 nahm man eine Verfassung an, die im Mai 1843 in Kraft trat. Diese führte das Wahlrecht für alle erwachsenen Männer ein, inklusive der Schwarzen, soweit diese gewisse Vermögensqualifikationen erfüllten. Hingegen waren die Indianer vom Stamm der Narragansett vom Wahlrecht ausgenommen. Die Verfassung schaffte zudem die Sklaverei ab, wobei es im Staat nur fünf Sklaven gab. Außer Rhode Island hatte in der Zeit auch schon New Jersey mit seiner Verfassung von 1776 das Frauenwahlrecht.

[1] Gemeint sind die Radikalen Republikaner, eine Fraktion innerhalb der Republikanischen Partei der USA, die von 1854 bis 1877 bestand. Ihr Hauptanliegen war die Abschaffung der Sklaverei,

Über die Verbesserungen in der Stellung der Frauen

und der englischen Vertretungs-Interessen ausgehend vorgebracht hat, ist auch wirklich in keiner Weise überzeugend. In der Regel wendet man ein, daß die Familie darunter leiden könnte, daß die Frauen bei öffentlichen Wahlacten leicht vom rohen Pöbel gemißhandelt werden würden, daß sie sich durch die Gefühle der Liebe und des Hasses, nicht aber durch verständige Erwägungen möchten leiten lassen. Wer dem Stimmrecht der Frauen grundsätzlich entgegentreten will, müßte auch in der That das Princip der Volksvertretungen auf [19/607] ein anderes Fundament stellen und namentlich darauf Gewicht legen, daß nicht die abstrakte Gleichberechtigung der einzelnen Personen, sondern vielmehr die Leistungsfähigkeit für die Erfüllung öffentlicher Pflichten, für Wehrdienst und Selbstverwaltung, die Vorbedingung der Wahlbefugnisse ausmache. Sobald man die Wahlberechtigung einfach an die individuelle Natur des Menschen anknüpft, wird auch der Unterschied des Geschlechts bedeutungslos und man kann im Ernst nicht behaupten, daß die Verpflichtungen einer Hausfrau gegen die Familie durch eine dreijährige oder siebenjährige Ausübung des Wahlrechts mittels Stimmzettel irgendwie verletzt werden müßten.

Aller Wahrscheinlichkeit nach werden jene Bestrebungen in England bis zu einer ziemlich entfernten Zukunft erfolglos bleiben.[1] Volkssitte und Herkom-

---

Bürgerrechte für die befreiten Sklaven sowie eine harte Bestrafung der Anführer und Unterstützer der Konföderierten Staaten.

[1] *Mit einem gewissen Sinn für Humor führte als erster Teil von Großbritannien 1881 die Isle of Man das Frauenwahlrecht ein,*

men[1] sind viel zu mächtig, als daß eine geistreiche Auseinandersetzung und die Betonung logischer Consequenzen irgend etwas daran zu ändern vermöchten. Im Bündniß mit der Volkssitte ist die Abneigung bei der Mehrzahl des männlichen Geschlechts stark genug, um alle Angriffe abzuwehren. Für Deutschland hat das Stimmrecht der Frauen noch nicht einmal eine Stelle unter den Gegenständen der politischen Discussion gefunden. Ob die Stimmberechtigung der Frauen, wenn sie gewährt würde, überhaupt den geringsten Einfluß auf den Gang der öffentlichen Angelegenheiten und die Stärke der Parteien ausüben würde, ist im höchsten Maße zweifelhaft. Die Wahrscheinlichkeit ist wohl dafür, daß das Verhältniß der einander widerstrebenden Einflüsse und Interessen, die Macht der Gegensätze von der Parteinahme der Frauen nicht merklich berührt werden würde. Nur in solchen Staaten, in denen das weibliche Geschlecht ganz vornehmlich den Einwirkungen der Geistlichkeit und den In-[20/608]-teressen der Kirche zugänglich ist, indem gleichzeitig eben diese Einflüsse auf die männlichen

---

allerdings abhängig von Vermögensqualifikationen. Bis zum „Reform Act" von 1832 durften in Großbritannien einige hinreichend reiche Frauen wählen, was dann aber abgeschafft wurde. Mit dem "Representation of the People Act" von 1918 wurde das Frauenwahlrecht in Großbritannien für Frauen ab 30 Jahren und mit gewissen Vermögensqualifikationen eingeführt. Im selben Jahr wurde Frauen auch das passive Wahlrecht gewährt. 1928 wurde die Altersgrenze auf 21 Jahre abgesenkt (wie für Männer schon vorher).

[1] *Tradition.*

Wähler weniger zu wirken vermögen, würde ein wahrnehmbarer Unterschied hervortreten, vorausgesetzt, daß die Kirche ein Interesse daran hätte, sich in die Parteikämpfe einzumischen.

Angesichts der auf den Erwerb des Stimmrechts zielenden Bestrebungen der Engländer und Amerikaner ließe sich die Frage aufwerfen, worauf der Unterschied dieser Staaten germanischen Ursprungs im Vergleich zu Deutschland beruhe? Wie kommt es und wie läßt es sich erklären, daß in Deutschland eine Sache unbeachtet bleibt, die in England bei annähernd gleichen Verhältnissen der Cultur die öffentliche Aufmerksamkeit von Zeit zu Zeit in Anspruch nimmt?

Zu erklären ist diese Vielen ausfällige Erscheinung dadurch, daß die Frauen im öffentlichen Leben dort eine andere Stellung einnehmen, als in Deutschland. Thatsächlich ist den englischen Frauen eine Wirksamkeit gestattet, gegen deren Anerkennung die deutsche Sitte[1] sich gegenwärtig noch sträubt. In England nimmt Niemand Anstoß daran, daß Frauen den Schauplatz öffentlicher Diskussion in großen Versammlungen betreten, an Debatten über öffentliche Angelegenheiten sich betheiligen, Aufsätze über gesellschaftliche Mißstände und Reformen vortragen, praktischen Unternehmungen zu Besserung allgemein empfundener Mißstände thätige Unterstützung gewähren.

Es giebt wenige Gebiete der inneren Staatsverwaltung und Politik, denen nicht die Aufmerksamkeit und

---

[1] *"Sitte" hier im Sinne von öffentlicher Moral.*

die Thatkraft englischer Frauen eine Förderung ge-
bracht hätte. Miß Fry[1] zählt zu den Reformatoren des
englischen Gefängnißwesen. Nächst Howard[2] hat sie
vielleicht die stärksten Anregungen zur Verbesserung
der Lage der Gefangenen gegeben. Frau Chisholm's[3]
Name ist unvergänglich in der Geschichte der [21/609]
Australischen Colonisationen verzeichnet. Ihr war es
zu danken, daß auswandernden Frauen Schutz gewährt
wurde gegen Entsittlichung[4] und Rohheit einer halb
verwilderten Bevölkerung.

Miß Mary Carpenter[5] zählt zu den gründlichsten
Kennern des Strafanstaltswesens. Ihre Hauptschrift[6]
wurde jenseits des Oceans nachgedruckt. Von der

---

[1] *Elizabeth Fry (1780-1845) war eine britische Quäkerin (Society of Friends) und Reformerin des Gefängniswesens. Sie war als „Engel der Gefängnisse" bekannt.*

[2] *John Howard (1726-1790) war ein englischer Philanthrop und Reformer des Strafvollzugs.*

[3] *Caroline Chisholm (1808-1877) war eine britische Philanthropin und Sozialreformerin, die für ihre Arbeit in Australien bekannt wurde.*

[4] *Verlust ihrer Moral.*

[5] *Mary Carpenter (1807-1877) war eine britische Bildungs- und Sozialreformerin. Sie gründete in Bristol eine „Lumpenschule" vor allem für junge Straftäter.*

[6] [Endnote 5:] Our Convicts. By Mary Carpenter. In two volumes. London 1864.

Über die Verbesserungen in der Stellung der Frauen

Wittwe Byron's[1] unterstützt, gründete sie eine Besserungsschule für verwahrloste Kinder in Bristol[2], deren Erfolge und Einrichtungen allgemein anerkannt sind. Sie besuchte vor Kurzem Indien und erforschte, von den Regierungsbehörden unterstützt, die Kerker Bengalens, die Schulen der Missionare. Sie versuchte, durch Reform der Bildungsanstalten, die Frauen Indiens aus jahrtausendlanger Herabwürdigung zu befreien und zum Bewußtsein ihrer menschlichen Würde emporzuheben. Englische Staatsmänner gewähren ihren Rathschlägen Gehör und Achtung.

Miß Florence Hill[3] betreibt die Einbürgerung der in Mettray[4] zur Besserung jugendlicher Verbre-

---

[1] Anne Isabella Noel-Byron, 11. Baroness Wentworth, bekannt als Lady Byron (1792-1860) war eine britische Aristokratin und die Ehefrau des Dichters Lord Byron.

[2] Im Jahre 1854 kaufte Mary Carpenter mit Geld aus der Erbschaft von Lady Byron die "Red Lodge" in Bristol und gründete dort eine "Girls' Reformatory"-Schule, in der sie ihre schon seit Jahren entwickelten Ideen umsetzte. Das Gebäude ist heute ein Museum.

[3] Florence Davenport Hill (1829-1919) war wie ihre Schwester Rosamund Davenport Hill (1821-1902) eine britische Gefängnisreformerin.

[4] Gemeint ist die Strafkolonie in Mettray im Departement Indre-et-Loire in der Nähe von Tours in Frankreich. Es handelte sich um eine 1840 eröffnete private Besserungsanstalt, die im Gegensatz zu anderen, keine Mauern hatte und junge Verbrecher im Alter von 6 bis 21 Jahren rehabilitieren sollte. Der Vater der beiden Schwestern, Matthew Davenport Hill (1792-1872), schrieb über die Kolonie 1855 ein Buch ("Mettray").

cher befolgten Grundsätze, die Anerkennung der in Irland bewährten Regeln des Strafvollzugs[1], die Verbesserung der englischen Waisenpflege. Eine ihrer Schwestern[2] wirkt der Bettelei und dem Herumziehen arbeitsscheuer Kinder durch Anlegung einer Arbeitsschule entgegen. Das Problem der Arbeiterwohnungen wird von Miß Burdett Couts[3] in die Hand genommen. Miß Louise Twining[4] bemüht sich um die Verbesserung der englischen Armenhausverwaltung durch Stiftung von Besuchs- und Aufsichtsgesellschaften. Miß Francis Power Cobbe[5] und Miß Bessie

---

[1] *Franz von Holtzendorff hatte sich selbst 1859 mit dem Thema in seinem Buch „Das irische Gefängnißsystem, insbesondere die Zwischenanstalten vor der Entlassung der Sträflinge" beschäftigt.*

[2] *Möglicherweise ist damit Joanna Margaret Hill gemeint, die 1875 das Buch "Homes for the homeless" veröffentlichte.*

[3] *Angela Georgina Burdett-Coutts (1814-1906) war eine britische Philanthropin. Als Erbin des Bankiers Thomas Coutts war sie eine der reichsten Frauen in Großbritannien. Sie unterstützte verschiedene wohltätige Einrichtungen. Franz von Holtzendorff bezieht sich hier wohl auf Arbeiterwohnungen, die am Columbia Square in East London errichtet wurden.*

[4] *Louisa Twining (1820–1912) war eine englische Philanthropin, die sich besonders um Fragen im Zusammenhang mit dem "Poor Law" kümmerte.*

[5] *Frances Power Cobbe (1822-1904) war eine irische Schriftstellerin, Sozialreformerin, Frauenrechtlerin und Tierversuchgegnerin.*

Über die Verbesserungen in der Stellung der Frauen

Parkes[1] erstreben eine Reform des Gesinde[2]-Wesens.[3] Ohne den Vorwurf der Unweiblichkeit irgendwie befürchten zu müssen, begleitet die Gattin des berühmten Reisenden Baker[4], den Forscher zu den Quellen des Nil. Daß Miß Nigthingale[5] höchst bedeutende Verdienste um die Verbesserung der Kranken-[22/610]-pflege und des Lazarethwesens zuerkannt werden müssen, ist keinem Sachverständigen zweifelhaft. Ihr Scharfblick entdeckte während des Krimkrieges in den Hospitälern der englischen Armee die wahren Veranlassungen einer unerhört zu nennenden Sterblichkeit. Sie erkannte, was dem geübten Auge alter Praktiker verborgen geblieben war, was der

---

[1] *Bessie Rayner Parkes Belloc (1829-1925) war eine Schriftstellerin und Journalistin sowie eine der führenden Frauenrechtlerinnen in Großbritannien.*

[2] *Dienstboten, Diener.*

[3] [Endnote 6:] Nach dem Census von 1858 gab es in England 664,464 weibliche Dienstboten. Im Jahre 1864 war die Ziffer auf 976,931 gestiegen.

[4] *Florence, Lady Baker (1841-1916) war eine britische Entdeckerin, die ursprünglich aus Siebenbürgen, zu der Zeit ein Teil von Österreich-Ungarn, stammte. Sie war die Frau des Entdeckers Samuel White Baker (1821-1893).*

[5] *Florence Nightingale (1820-1910) war eine englische Reformerin und die Begründerin der modernen Krankenpflege. Sie organisierte den Einsatz für die Verwundeten während des Krimkriegs von 1853 bis 1856.*

Schlendrian[1] eines gewohnheitsmäßig eingeübten Beamtenthums übersah, was selbst ängstlich gewordene Aufsichtsbehörden nicht zu entdecken vermochten.

Die Verhandlungen des alljährlich zusammentre*[te]*nden Congresses zur Förderung der Staatswissenschaften legen davon Zeugniß ab, was englische Frauen für die Reform mangelhafter Gesellschaftszustände leisten und wirken.

Die Reihe jener Namen, die nur beispielsweise von mir angeführt worden, ließe sich leicht und ansehnlich vermehren; es könnte daran erinnert werden, daß Frauen insbesondere der erzählenden Literatur und dem Roman eine bessere und höher zielende Richtung gaben.[2] In diesen allgemein wahrnehmbaren Thatsachen liegt die Begründung jener Ansprüche auf politische Geltung. In England sind die Frauen bereits ein bedeutender Faktor des staatlichen Lebens und Niemand vermag zu leugnen, daß ihre Leistungen von höchstem Werthe sind.

---

[1] *Schlendrian bezeichnet eine träge und nachlässige Arbeitsweise.*

[2] [Endnote 7:] Lucien Davisiès de Pontès. Etudes sur l'Angleterre. Reformes sociales. Seconde édition par la veuve de l'auteur. Paris 1867. In dieser vortrefflichen Schrift wird (S. 413) außerdem gesagt:

Des vingt romanciers célèbres qui brillèrent de 1789 à 1815 quatorze appartiennent au sexe féminin. *[Von zwanzig berühmten Romanschriftstellern, die sich von 1789 bis 1815 hervorgetan haben, gehörten vierzehn dem weiblichen Geschlecht an.]*

Über die Verbesserungen in der Stellung der Frauen

Es wäre ungerecht, die Verdienste deutscher Frauen um die Wohlthätigkeitspflege und gemeinnützige Angelegenheiten zu verkennen. Aber dieses Wirken geschieht doch viel mehr in der Stille. Und unbedenklich[1] ist zuzugeben, daß in England die Persönlichkeit selbständig handelnder Frauen in einer einzigen und eigenthümlichen Art hervortritt. Der stets bereite Vorwurf eines unweiblichen Thuns ist in England längst verstummt, während er in anderen Ländern Europas seine ab-[23/611]-schreckende Macht bewahrt. Diese Gründe erklären es zur Genüge, weswegen die öffentliche Meinung der gebildeten Klasse der Stimmberechtigung der Frauen, wenn zwar vorwiegend Gegnerschaft, doch mindestens nicht Verspottung entgegen zu setzen vermag.

Zwischen der öffentlichen politischen Wirksamkeit, die den Frauen bisher verschlossen war, wohl auch voraussichtlich bis zu einer Umformung[2] unserer heutigen Denkweise verschlossen bleiben wird, und ihrer bereits im Wesentlichen vorhandenen Gleichberechtigung in privatrechtlicher Hinsicht, liegt ein Thätigkeitstrieb in der Mitte, dessen Inhalt darin besteht, daß unter öffentlicher Aufsicht und Autorität dem Publikum gewisse Dienste und Leistungen auf Grund besonders nachzuweisender Befähigung geboten werden. Wir denken dabei an die Beispiele der Advocaten und der ärztlichen Praxis. Insbesondere zu letzterer wird die Zulassung der Frauen vielfach begehrt und namentlich in England auch vielfach befürwortet.

---

[1] *ohne Bedenken.*

[2] *Reformierung, Veränderung.*

Franz von Holtzendorff

Die Erwähnung dieser Ansprüche führt uns nunmehr auf den Hauptpunkt in der sogenannten Frauenfrage, auf die wirthschaftliche und erwerbende Thätigkeit der Frauen. Denn Advokatur und ärztliche Praxis sollen vorzugsweise die höheren und feineren Erwerbsinteressen der den gebildeteren Klassen angehörigen Frauen befriedigen.

Um den gegenwärtigen Zustand der Gesellschaft in Beziehung auf die wirthschaftliche Stellung der Frauen im Allgemeinen zu kennzeichnen, muß man hervorheben: Die Zunahme und Verbreitung der Maschinenarbeit, die stets neue Objekte ergreift und der Handarbeit entzieht; die allgemeine Einführung der Nähmaschinen[1] und deren beginnende Verwerthung für die große Industrie, die großartigen Veränderungen in der Arbeitstheilung und Arbeitsvertheilung nach den Geschlechtern, [24/612] die steigende Verfeinerung in der Technik der Produktionsmittel und damit die steigende Schwierigkeit eines rechtzeitigen Wechsels in der Wahl anderer Arbeitsverrichtungen, zunehmende Bedrohung des städtischen Mittelstandes durch die moderne Organisation der Beziehungen zwischen Kapital und Arbeit; spätere und seltener werdende Eheschließung innerhalb der höheren Schichten der mittleren Gesellschaftsklassen.

Im Zusammenhange mit diesen großen und gewaltig einschneidenden Thatsachen muß sich auch die

---

[1] *Die erste Nähmaschine für Schuhmacher baute der Engländer Thomas Saint 1790. Der erste Nähmaschinenfabrikant war der Franzose Barthélemy Thimonnier. Er entwickelte das am 17. Juli 1830 patentierte Nähmaschinenmodell „Couseuse".*

gesellschaftliche Stellung der Frauen nach zwei Richtungen hin verändern.

Einmal bemerken wir, daß die Frauen der arbeitenden Klasse ihren Beitrag zur Bestreitung der ehelichen Lasten nicht mehr in natura[1] zu leisten vermögen. .Die Gesetze der modernen Arbeitsvertheilung ersetzen den Spinnrocken[2] durch die Spinn-Maschine[3], den Handwebestuhl durch die Dampfkraft[4]. Ein nach billigster Gütererzeugung und niedrigsten Löhnen begieriger Großbetrieb lockt die Arbeitskraft von Kindern und Frauen an sich, unbekümmert um sittliche Nachtheile und physischen Ruin, unbesorgt um die Schädigung der Familie, deren Erziehungspflichten gegen das heranwachsende Geschlecht verkümmert, deren häuslicher Schwerpunkt von der verwaltenden Aufgabe der Mutter und Hausfrau auf den öffentlichen Arbeitsmarkt verlegt wird. Das ist die e r s t e Seite an dem wirthschaftlichen Theile der Frauenfrage.

---

[1] *in Wirklichkeit, als Naturalien ausgezahlt.*

[2] *Der Rocken ist ein stabförmiges Gerät, an dem beim Spinnen die noch unversponnenen Fasern befestigt sind.*

[3] *Die erste funktionsfähige Spinnmaschine wurde 1738 von Lewis Paul und John Wyatt gebaut. In den folgenden Jahrzehnten gab es weitere Verbesserungen. Mit dem Aufkommen der Dampfkraft machten dieses Maschinen ab Ende des 18. Jahrhundert die Verspinnung in industriellem Maßstab möglich.*

[4] *Die ersten experimentellen Dampfmaschinen wurden von Blasco de Garay 1543, Denis Papin 1690 und Thomas Savery 1698 gebaut, die erste funktionsfähige Apparatur 1712 von Thomas Newcomen.*

Sodann tritt uns die Wahrnehmung entgegen, daß entweder wie in England ein Mißverhältniß unter den Geschlechtern, oder, was viel schwerer in die Wagschale wirft, die Schwierigkeit der Eheschließung zahlreiche Mädchen aus den mittleren Gesellschaftsklassen auf den eigenen Erwerb ihres Unterhaltes hinweist und für sich selbst zu sorgen zwingt. Auf diese zweite, in stetem Wachsthum befindliche Klasse bezieht sich der andere [25/613] Theil unseres Problems, den man die Jungfrauen-Frage nennen könnte. Zu allen Zeiten hat es einen gewissen Procentsatz unverheirathet lebender Mädchen gegeben. Das Eigenthümliche der heutigen Zeitperiode liegt indessen darin, daß zumal in protestantischen Ländern, in denen die Klöster aufgehoben sind, die früher für den Fall der Ehelosigkeit getroffene Vorsorge, die Naturalrenten-Versicherung[1] in Stiftungen und Stiften[2], sowie der Zusammenhang der Blutsverwandtschaft nicht mehr ausreichen, um die nothwendigsten Lebensbedürfnisse zu gewährleisten. Während die erste Seite der Frauenfrage, als eine mit der industriellen Entwickelung zusammenhängende Thatsache, eine ganz allgemeine Erscheinung der modernen Culturwelt[3] bildet und in Frank-

---

[1] ein Zins (Rente), der nicht als Geld, sondern als Naturalien bezahlt wird.

[2] Frauenstift, eine religiöse Lebensgemeinschaft für Frauen, die ohne Ablegung von Gelübden in einer klosterähnlichen Anlage leben. Ihr Unterhalt wird aus einem Stiftungsvermögen bestritten.

[3] "Kultur" hier in einem sehr weiten Sinne, inklusive gesellschaftlicher, wirtschaftlicher und politischer Erscheinungen.

reich in fast gleicher Stärke wie in England hervortritt, ist der zweite Theil unseres Themas nahezu ausschließlich auf die protestantische Staatenwelt beschränkt, gleich einer nur dem kleineren Theile der Erdfläche sichtbaren Sonnenfinsternis. In katholischen Ländern, namentlich in Süd-Europa ist auch heute dem Eheverzichte und der Ehelosigkeit der Frauen ein Asyl[1] geboten. Die eifrigsten Gegner der Mönchsklöster in Italien und Spanien pflegen sogar den Bestand der Nonnenklöster zu achten. Eine sehr einflußreiche kirchliche Richtung beachtet sogar die in der Mittelklasse zunehmende Ehelosigkeit in der Weise, daß in den Congregationen[2] jungen Mädchen neue Berufskreise unter kirchlicher Autorität eröffnet werden, ohne daß absolut zwingende Gelübde[3] erfordert würden. Das Diakonissenwesen[4] in Deutschland und neuerdings auch in England stützt sich in gleicher Weise auf eine Combination der modernen wirthschaftlichen und socialen Erscheinungen mit der tieferen religiösen Anlage des weiblichen Gemüths.

---

[1] *Zufluchtsort, Schutz.*

[2] *Ordensgemeinschaft.*

[3] *Ein Gelübde ist ein feierlich abgelegtes Versprechen, sich an eine Regel zu halten, besonders in einem religiösen Kontext.*

[4] *Eine Diakonisse ist eine Frau, die in einer evangelischen, verbindlichen Lebens-, Glaubens- und Dienstgemeinschaft (Schwesterngemeinschaft) lebt und in der Diakonie, dem Dienst am Menschen, tätig ist.*

Ihrem innersten Wesen nach erscheinen nun beide Rich-[26/614]-tungen unserer modernen Entwicklung, sowohl die Gefährdung der Familie durch industrielle Arbeit der verheiratheten Frauen, als auch die Zunahme des mit wachsender Ehelosigkeit eintretenden Nothstandes als Störungen in dem bisherigen Organismus der Gesellschaft.

Ueber das Schicksal derjenigen Frauen, die an der Maschine stehend, zum Unterhalt der Ihrigen in großen Städten beizutragen gezwungen sind, ist wenig Erfreuliches zu sagen. Noch viel weniger läßt sich die Thatsache selbst anfechten oder gar rückgängig machen. Es ist ein schönes Ideal, das denjenigen vorschwebt, welche darauf dringen, daß der Ehemann und Hausvater für den Unterhalt der Seinigen allein sorgen und genügenden Lohn für seine Arbeit empfangen soll. Nur in der behaglich lebenden Mittelklasse ist die Frau Verwalterin des Hauses, die Schatzmeisterin der vom Manne erworbenen Güter. In den unteren Gesellschaftsschichten hat die Frau zu allen Zeiten des staatlichen Lebens an der erwerbenden Arbeit, an der Erzeugung wirthschaftlicher Tauschobjekte Theil genommen. Ein flüchtiger Blick auf die ländliche Bevölkerung belehrt uns, daß Frauen und Mädchen im Norden wie im Süden Europas heutzutage, wie ehemals, außerhäusliche Arbeit für die eigene Wirthschaft oder im Lohne Anderer verrichten müssen.

Mit der Entstehung der modernen Fabrikationsmethoden hat sich daher für einen großen Theil der arbeitenden Klassen nur die Form der Arbeitsleistungen, allerdings sehr zu Ungunsten der Frauen verändert. Vorbereitung für den häuslichen Beruf in der Erziehung und die Erfüllung häuslicher Pflichten werden in einer früher nicht geahnten Weise erschwert, obwohl von den Betheiligten selbst die Störung in der natürlichen Entwickelung keineswegs so schwer empfunden wird, wie man in den mittleren Klassen gewöhnlich annimmt. Fabrikarbeit und [27/615] Fabrikleben entsprechen vielfach dem auch im weiblichen Geschlecht gesteigerten Sinn für persönliche Freiheit und Unabhängigkeit, für ungebundenes Leben. Die in Beziehung auf Ernährung, Gesundheitspflege und Wohnung viel bessere Lage städtischer Dienstboten[1] wird von Fabrikarbeiterinnen meistentheils mit Geringschätzung betrachtet.

Vergeblich wäre es, zu hoffen, daß die Gesetzgebung dieser Entwickelung der Dinge erfolgreich entgegentreten könnte.

Außer der Vorsorge für die Grundbedingungen des physischen und sittlichen[2] Wohles der arbeitenden Klassen und insbesondere der arbeitenden Frauen und Kinder, vermag der Staat wenig durchzusetzen. Dieser Aufgabe sollte er sich allerdings nicht entziehen. Selbst in England, wo die Lehre der absoluten Nichteinmischung des Staates in die Arbeiterangelegenheiten eine Zeitlang zu herrschen schien, hat die Gesetzgebung

---

[1] *Diener in einem Haushalt, Haushaltshilfe.*

[2] *„sittlich" hat noch nicht die heute verengte Bedeutung, sondern ist hier im allgemeinen Sinne von „moralisch" oder „ethisch" zu verstehen.*

mehrfach schützende Bestimmungen erlassen[1], welche, wenn nicht vollkommen sicherstellend, doch der nackten Gewinnsucht und Gewissenlosigkeit vieler Arbeitgeber erschwerend in den Weg treten. Mehr, als die Stimme des Gesetzes, vermag das freiwillige Entgegenkommen und die freiwillige Fürsorge der höher gebildeten Gesellschaftsklassen zur sittlichen [28/616] Cultur der Arbeiterfamilien beizutragen. Von den verschiedensten Seiten ist man auch, obwohl mit sehr unzureichenden Mitteln, an die Lösung dieser gewaltigen Aufgabe herangetreten. Die innere Mission[2] hat von ihrem Standpunkte aus kirchlich einzuwirken versucht. Elsässer Fabrikanten[3] sind planmäßig bemüht, den häuslichen Sinn zu schonen und zu pflegen, der Erziehung nachwachsender Generationen Vorschub zu leisten, die Sterblichkeit des zarten Kindesalters zu vermindern. In England sind es neben angesehenen Industriellen zahlreiche Frauen der höchsten Gesellschaftsklassem denen die Pflege der höchsten sittlichen Interessen arbeitender Frauen am Herzen liegt. Seit der Aufhebung der Sklaverei und der Leibeigen-

---

[1] *Die ersten Fabrikgesetze gab es dabei gerade in Großbritannien vor anderen Ländern, etwa die Gesetze von 1833, 1842, 1844 und 1847.*

[2] *Die Innere Mission war eine Initiative zur christlichen Mission innerhalb der evangelischen Kirche. In Deutschland wurde sie von Johann Hinrich Wichern begründet.*

[3] *Das Elsaß gehört zu dieser Zeit noch zu Frankreich. Es wird zusammen mit Lothringen erst nach dem Krieg von 1870 bis 1871 an Deutschland abgetreten.*

Über die Verbesserungen in der Stellung der Frauen

schaft[1] giebt es wenige Dinge, die so sehr die andauernde Aufmerksamkeit und wirksame Unterstützung aller Menschenfreunde verdienen. Leider sind die Arbeiterinnen nicht selten gegen die Mißgunst und den Neid der ihnen gesellschaftlich Nächststehenden zu vertheidigen. Kaum hat die männliche Arbeiterbevölkerung die Grundsätze der Gleichheit und Freiheit für die Bethätigung der Arbeiterkräfte gegen alte Privilegien erstritten, so beginnt sie hier und da der Concurrenz weiblicher Arbeitskräfte mißgünstig abwehrend oder gewaltsam hindernd entgegenzutreten[2]. Und doch ist, so wenig man Grund hat, über die Entwickelung der Dinge erfreut zu sein, das Recht der Arbeit suchenden oder arbeitsbedürftigen Frauen gewiß nicht zu bezweifeln. Sehr richtig und vollkommen klar stellte unser Landsmann Moritz Müller (aus Pforzheim) auf dem Arbeitertag in Gera[3], 1867, den einfachen Satz auf:

---

[1] *Die Leibeigenschaft bestand vom Mittelalter bis zum Anfang des 19. Jahrhunderts. Ein Leibeigener war zu Frondiensten für seinen Leibherrn verpflichtet und durfte nicht vom Gutshof wegziehen. Er brauchte auch eine Genehmigung des Leibherrn, um zu heiraten, und unterlag dessen Gerichtsbarkeit.*

[2] *Insbesondere in Großbritannien war eine häufige Forderung von Gewerkschaften, nicht nur die Kinderarbeit, sondern auch die Frauenarbeit zu verbieten.*

[3] *Dies geschah auf Bitte des Allgemeinen Deutschen Frauenvereins, der am 18. Oktober 1865 durch Louise Otto-Peters und Auguste Schmidt in Leipzig begründet worden war.*

Franz von Holtzendorff

„Die Frau ist wirthschaftlich zu allen Arbeiten berechtigt, zu denen sie befähigt ist."

Von eben demselben Grundsatze der persönlichen Freiheit muß man auch ausgehen bei der Beurtheilung der von unverheiratheter Mädchen der Mittelklasse erhobenen Ansprüche auf Erweiterung ihres Berufskreises, auf die Gewährung größerer Selbständigkeit im bürgerlichen Leben.

Einzelne National-Oeconomen glauben freilich, daß man diesen Bestrebungen aus dem Grunde entgegentreten müsse, weil man sonst durch deren Anerkennung und Beförderung die Thatsache zunehmender Ehelosigkeit befestigen, weil man deren Folgen verstärken und die Neigung zur Eheschließung im weiblichen Geschlechte in dem Maße vermindern würde, als man die Selbständigkeit der Frauen begünstige. In dieser Anschauung [29/617] liegt indessen ebenso viel Unklarheit als Ungerechtigkeit. Zunächst ist es Verkennung der menschlichen Natur, wenn man glaubt, daß wirthschaftliche Selbständigkeit der Neigung, eine Familie zu begründen, auf Seite der Frauen entgegenwirken könnte. Alle Erfahrungen sprechen dagegen, vor allem die Thatsache, daß die größte Lockerung der Familienbande durch das Fabrikwesen in den arbeitenden Klassen auch bei Frauen die größte Neigung zu leichtsinnigen Eheschließungen befördert. Fähigkeit zu geldwerther Arbeit innerhalb der mittleren Gesellschaftsklasse wirkt vielmehr als Ersatz fehlenden Kapitals und ermöglicht Verbindungen, denen sonst jede passende Grundlage fehlen würde. In England und Frankreich hat man erfahren, daß Mädchen, welche in besonders eingerichteten Lehranstalten zu gewissen Gewerben, wie Holzschneidekunst, oder zu höheren technischen Verrichtungen der Seiden-Industrie herangebildet waren, besonders begehrt wurden und sich schnell verheiratheten, nachdem sie ihre Ausbildung vollendet hatten. Ebenso wenig wie die Befürchtung, daß man der Ehelosigkeit Vorschub leiste, ist der Glaube berechtigt, die Vorbereitung zu einer wirthschaftlich selbständigen Stellung beeinträchtige die Ausbildung der zum häuslichen Glück und zur häuslichen Pflichterfüllung dienlichen Charactereigenschaften der Frauen. Berufskenntniß und Characterbildung sind nicht nur nicht unverträglich, wo die Hausstandspflichten der Frauen in Betracht kommen, sondern hängen viel enger zusammen, als man glaubt.

Vor allen Dingen sollte man aber die r e c h t l i c h e Seite unserer Frage betrachten. Wenn man einmal zugeben muß, daß Ehelosigkeit einer sehr erheblichen Anzahl von Mädchen theils s t a t i s t i s c h e Naturnotwendigkeit ist, wo ein Ueberschuß des weiblichen Geschlechts besteht, theils als eine Konsequenz ebenso ungünstiger als unabänderlicher wirthschaftlicher Zustände [30/618] erscheint, so kann man entweder nur die Polygamie[1] empfehlen, oder man muß die Bedingungen eintreten lassen, von denen das menschliche Urrecht, das Recht der Existenz abhängig ist. Für die mittleren Gesellschaftsklassen kommt es also darauf an, den Frauen solche A r b e i t s g e b i e t e zu eröffnen und zu gestatten, welche mit ihren Lebensgewohnhei-

---

[1] *Vielehe.*

41

ten, ihren Kräften und Neigungen, sowie ihren geistigen Anlagen in einem angemessenen Verhältnisse stehen. Es ist allerdings möglich, daß durch die Mitbewerbung der Frauen einzelnen Männern der Erwerb entzogen oder geschmälert werden könnte; daß mittelmäßige Leistungen eines Mannes auf gewissen Arbeitsgebieten durch tüchtigere Leistungen befähigter Frauen überflügelt und verdrängt werden. Allein diese Rücksicht muß zurücktreten hinter den viel höheren Gesichtspunkt eines einfachen menschlichen Grundrechtes, an welchem die Frauen ebenso viel Antheil haben, wie das männliche Geschlecht.

Wird sich wirklich irgend Jemand im Ernste getrauen, den Beweis dafür einzutreten, daß die unverheiratheter Mädchen der gebildeten Klasse nur eine Auswahl haben sollen zwischen der Würde einer Diaconissin und den Schwierigkeiten einer Gouvernante[1], oder dem verhüllten Almosen der Gesellschaftsdame[2] oder der für mäßige Bedürfnisse nicht ausreichenden Nadelarbeit? Kann man behaupten, daß die jetzt bestehende Vertheilung der geldwerthen Arbeitsleistungen auf das eine oder andere Geschlecht wirklich überall der Billigkeit[3] entspreche? Nicht nur in der My-

---

[1] *Hauslehrerin, Erzieherin.*

[2] *weibliche Person, die zur Begleitung und Unterhaltung bei jemandem angestellt ist.*

[3] *Gerechtigkeit.*

the des griechischen Alterthums setzt sich Achilles[1] in Frauenkleidern an den Spinnrocken[2]. Miß Faithful[3] hat in England nachgewiesen, daß gerade die körperlich schwersten Arbeiten in den Bergwerken und im Küstenfischfang den Frauen aufgebürdet werden, während sich Männer die leichteren und einträglicheren Arbeiten vorbehalten. Ein Bericht der Unterrichtsbehörde für Schottland [31/619] enthält aus jüngster Zeit Schilderungen der traurigsten Art: Wir erfahren, daß in den westlichen Küstengegenden Schottlands die Frauen vielfach als Lastthier benutzt werden. Der männliche Bewohner der Insel Lewis[4] läßt seine Frau den schwer beladenen Fischkorb durch die Furth[5] tragen, wohingegen er an dem Ufer harrt[6], bis seine Frau zurückkehrt und ihn gleichfalls auf ihren Schultern durch das Wasser trägt. Aehnliche Erschei-

---

[1] *Achilleus war in der griechischen Mythologie ein beinahe unverwundbarer Krieger im Kampf um Troja und der Hauptheld der Ilias von Homer.*

[2] *Der Rocken ist ein stabförmiges Gerät, an dem beim Spinnen die noch unversponnenen Fasern befestigt sind.*

[3] *Emily Faithfull (1835–1895) war eine englische Frauenrechtlerin und Publizistin.*

[4] *Die Isle of Lewis ist die Nordregion der Insel Lewis and Harris, die zu den Äußeren Hebriden gehört und nordwestlich von Schottland liegt.*

[5] *durchfahrbare Stelle eines Flusses, Flußübergang an einer flachen Stelle des Gewässers.*

[6] *warten.*

nungen finden sich auch in den mittleren Gesellschaftsklassen.

Wie sehr das Bedürfniß besserer Vorsorge für das
weibliche Geschlecht anerkannt wird, ergiebt sich dar-
aus, daß gerade diejenigen Länder, in denen die
wirthschaftliche Cultur[1] am höchsten steht, in denen
wirthschaftliche Einsicht und öconomische Bildung
am weitesten verbreitet sind, daß England, Schottland
und die östlichen Staaten der nordamerikanischen
Union[2] mit unserem Problem am eifrigsten beschäftigt
sind. Deutschland ist gleichsam zögernd gefolgt. Mit
Mißtrauen gegen alle idealen und scheinbar fern ablie-
genden Ziele erfüllt, hat man sich lange durch das
Vorurtheil hemmen lassen, es könne die innere Ge-
sundheit der Familie leiden. Mindestens in zwei Dingen glauben die Meisten, daß die deutsche Cultur un-
erreichbar und unübertrefflich sei: in den gelehrten
Wissenschaften und in der Heilighaltung der Frauen.
Nur die stärkste Einbildung und ein grober Dünkel[3]
würden indessen verkennen, daß die Familie in den
mittleren Gesellschaftsklassen Englands auf ebenso
festen, ebenso sittlichen Grundlagen ruht, wie in
Deutschland. Sollte die deutsche Familie nicht dasjeni-
ge ertragen können, was sich in England als unschäd-

---

[1] *"Kultur" in einem umfassenden Sinne verstanden als alle Pro-
dukte des Menschen.*

[2] *In der Zeit werden die USA häufig als Nordamerikanische Union bezeichnet. Es gibt nämlich auch südamerikanische Unionen,
etwa Vereinigten Staaten von Kolumbien.*

[3] *unangemessen hohe Selbsteinschätzung.*

lich erwies, sollte gerade uns die größere Selbständigkeit und Freiheit in der Wahl weiblichen Berufes gefährlich sein?

Jene Besorgnisse, die wir andeuteten, scheinen im
Schwinden [32/620] auch unter uns begriffen zu sein. Mit
dem Herbste 1865, wo die Frauenfrage von Dr. L e t -
t e[1] im Berliner Central-Verein für das Wohl der arbeitenden Klasse[2] energisch angeregt wurde[3], haben sich

---

[1] *Wilhelm Adolf Lette (1799-1868) studierte in Heidelberg und
Göttingen Rechtswissenschaften. Wegen Besuchs des Wart-
burgfestes und seiner Aktivitäten in Burschenschaften wurde er
im Zuge der vormärzlichen "Demagogenverfolgung" zu einer
Gefängnisstrafe verurteilt. Lette gehörte der Nationalversamm-
lung in der Paulskirche (Fraktion Casino) an und später dem
Preußischen Abgeordnetenhaus (Fraktion Vincke, dann Linkes
Zentrum). Zum Norddeutschen Reichstag wurde er 1867 im
Kreis Frankfurt/Oder für die Nationalliberale Partei gewählt.
Wilhelm Lette war bekannt für seine zahlreichen wohltätigen
Bemühungen, so etwa im „Centralverein für das Wohl der arbei-
tenden Klassen" oder dem „Verein zur Förderung der Erwerbstä-
tigkeit des weiblichem Geschlechts". Ein besonders Anliegen
war für ihn auch die Freizügigkeit, für die er in seiner Schrift "Die
Freizügigkeit, das wichtigste Grundrecht für die arbeitenden
Klassen" von 1863 warb (Neuausgabe: Libera Media, 2015).*

[2] *Der "Centralverein für das Wohl der arbeitenden Klassen"
wurde 1844 begründet und existierte bis zum Beginn des Ersten
Weltkriegs.*

[3] *Wilhelm Lette gab den Anstoß zur Gründung des „Vereins zur
Förderung der Erwerbstätigkeit des weiblichen Geschlechts" im
Jahre 1866 in Berlin, dem später nach ihm benannten "Lette-
Vereins". Angeregt hatte er das mit der „Denkschrift über die
Eröffnung neuer und die Verbesserung bisheriger Erwerbsquel-*

dem in England gegebenen Beispiele folgend, in Berlin, Wien, Hamburg, Breslau, Bremen, Leipzig, Hannover und anderen Orten Vereine gebildet, deren Zweck es ist, die Erwerbsfähigkeit des weiblichen Geschlechts zu befördern. Schon ehe diese Vereine sich bildeten, waren sogar mehrere als Schriftstellerinnen bekannte Frauen[1] öffentlich zusammengetreten, um die Beschwerdepunkte ihres Geschlechts zu besprechen, indem sie davon ausgingen, daß die Frauen selbst die öffentliche Meinung in Bewegung zu setzen hätten.

Wie weit man nun über die Gränzen der gewohnheitsmäßigen Ueberlieferung hinausgehen soll und darf — das läßt sich weder mit einfacher Rede darstellen, noch mit scharf zugespitztem Zirkel abmessen. Als wünschenswerthe oder dem Interesse der Frauen zusagende Ziele werden indessen vorzugsweise hervorgehoben: Die Ausbildung zu allen feineren Kunstgewerben, zur kaufmännischen Buchführung und zum Handelsbetriebe, zur genaueren Kenntniß der ländlichen Wirthschaftsmethoden. Ferner wird verlangt die Zulassung der Frauen zur ärztlichen Praxis, wofür sich in Amerika die leitenden Beispiele finden, seitdem durch ein Gesetz des Staates New-York vom Jahre

---

len für das weibliche Geschlecht" im Jahre 1865 (Neuausgabe bei Libera Media).

[1] Franz von Holtzendorff denkt hierbei vermutlich an die Gründerinnen des Allgemeinen Deutschen Frauenvereins: Louise Otto-Peters (1819-1895) und Auguste Schmidt (1833-1902), die beide auch als Schriftstellerinnen tätig waren.

Über die Verbesserungen in der Stellung der Frauen

1868[1] und schon früher in Boston[2] besondere wissenschaftliche Unterrichtsanstalten für Frauen eingerichtet wurden und mehrere Aerztinnen eine anerkannt tüchtige Thätigkeit ausüben.[3] Endlich die Zulassung zu gewissen für Frauen besonders geeigneten Staatsämtern, wie P o s t - u n d T e l e g r a p h e n d i e n s t[4]. Was die letzteren anbetrifft, so erinnerten wir bereits an die Bedenken, welche gegen die Zulassung der Frauen zu politischen Stellungen und Staatsämtern grundsätzlich erhoben werden. [33/621] Post und Telegraphie sind indessen ebenso wenig wie der Eisenbahnbau und andere industriellen Unternehmungen w e s e n t l i c h p o l i -

---

[1] *Elizabeth Blackwell (1821-1910) war eine britische Ärztin, die 1849 als erste Frau in den USA ihre medizinische Ausbildung am Geneva Medical College abschloß. Sie wurde später Professorin am "Woman's Medical College of New York", das 1868 mit fünfzehn Studentinnen eröffnet wurde.*

[2] *Gemeint ist das "Boston Female Medical College", das als erste solche Insitution Frauen in Medizin ausbildete und 1848 eröffnet wurde.*

[3] [Endnote 8:] Miss Emily Davies: On medicine as a Profession for Women. — London 1862. — In London besteht ein medicinischen Frauenverein (Ladies' sanitary Association). Doch ist zu bemerken, daß in England weder der Staat noch die größeren Institute sich irgendwie mit dem Hebammenwesen befaßten.

[4] *Telegraphen kamen nach Vorarbeiten in den 1830ern auf. Bis 1850 gab es bereits ein ausgedehntes Netz von Telegraphenleitungen.*

tische Actionen[1] der Staatsgewalt. Sie sind vielmehr Geschäftsführung im Interesse des Publikums und Gewerbebetrieb im Interesse der Staatsfinanzen. Selbst diejenigen, welche auf Reinheit der Lehre in politischen Dingen vorzugsweise Bedacht nehmen, haben daher keinen Grund zu der Annahme, daß durch Zulassung der Frauen die bestehende Ordnung irgendwie gefährdet werden wird. Ueber jeden Zweifel ist nachgewiesen, daß Frauen die leichten technischen, körperlich wenig anstrengenden, für sie besonders geeigneten Verrichtungen dieser Dienstzweige ausreichend versehen können.[2] Gegen die Zulassung zur ärztlichen Praxis werden vom Standpunkte der ästhetischen Empfindung mancherlei Bedenken erhoben. Vielen englischen und amerikanischen Aerzten ist es indessen zweifellos[3], daß die Frauen bei geeigneter

---

[1] *Gemeint sind Tätigkeiten, die keine hoheitliche Aufgabe des Staates darstellen.*

[2] [Endnote 9:] In Irland, Dänemark. der Schweiz, Würtemberg und Baden hat man günstige Erfahrungen gesammelt. Nach den Mittheilungen, welche der Ministerial-Rath Frey in Karlsruhe im Auftrage der Großherzogin von Baden an den Berliner Verein gelangen ließ, erhalten die Gehülfinnen auf den größeren Telegraphenstationen nach Ablegung zweier Prüfungen 350 bis 400 G. Gehalt. Im Frühjahr 1867 betrug die Anzahl der in der Telegraphie Angestellten 44. 14 Mädchen (oder Frauen) waren in der Anlernung begriffen. Uebelstände hatten sich nirgends gezeigt. Eine dem ersten norddeutschen Reichstage vom Leipziger Frauenvereine eingesendete Petition um Zulassung weiblicher Bewerberinnen zum Post- und Telegraphendienst wurde dem Bundeskanzler zur Berücksichtigung überwiesen.

[3] *d. h. sie haben keinen Zweifel.*

Über die Verbesserungen in der Stellung der Frauen

Ausbildung die mittlere wissenschaftliche Qualität unserer Doktoren erreichen, und auf einzelnen Gebieten der ausübenden Praxis wahrscheinlich über den mittleren Durchschnitt hinausgehen würden. Grundsätzliche Bedenken sind außerdem kaum möglich seitdem man ohne Anstoß zu nehmen die Pflege der barmherzigen Schwestern[1] in Kranken-Anstalten, und sogar freiwillig sich meldende Damen in Kriegs-Lazarethen zuließ. Während des Sommers 1866 bildeten sich sofort nach Ausbruch des Krieges[2] Frauen und Mädchen aus vornehmer Familie in der Königlichen Charité[3] zu den Zwecken der Krankenpflege aus, und zwar in Gemeinschaft mit den Schülern eines berühmten Chirurgen, der an den Krankenbetten Anweisung ertheilte, ohne daß zu jener Zeit die Thatsache anders als natürlich erschienen wäre.

Die Erfahrung muß entscheiden. Auch hier darf man nicht voreiliger Weise von Abneigungen oder Geschmacksrück-[34/622]-sichten sein Urtheil bestimmen lassen. Keinenfalls hat der Staat irgend ein sittliches[4]

---

[1] verschiedene römisch-katholische Ordensgemeinschaften, etwa die des heiligen Karl Borromäus, der heiligen Elisabeth, usw., die in der Krankenpflege tätig sind.

[2] Gemeint ist der Krieg mit Österreich.

[3] Die Charité ist ein bis heute bestehendes Krankenhaus in Berlin, das im Jahre 1710 als Pesthaus begründet wurde.

[4] „sittlich" hat noch nicht die heute verengte Bedeutung, sondern ist hier im allgemeinen Sinne von „moralisch" oder „ethisch" zu verstehen.

Interesse daran, bei nachgewiesene wissenschaftlicher Befähigung die ärztliche Praxis den Frauen zu untersagen. In Ermangelung geeigneter Unterrichtsmittel werden indessen in Deutschland Frauen schwerlich Gelegenheit finden, das erforderliche Maß von Kenntniß zu erwerben, so lange ihnen die staatlichen Bildungs-Institute verschlossen bleiben.[1] Es kann nicht unsere Absicht sein, auf die Einzelheiten dieser Dinge näher einzugehen, noch auch zu untersuchen, welche Geschäfte sich etwa vorzugsweise für Frauen eignen möchten. Jenen Vereinen liegt es ob[2], an der Hand der besten Führerin, der Erfahrung, das Richtige herauszufinden, nützliche Anregungen auszustreuen und vor allen Dingen jene Vorurtheile zu überwinden, welche in Deutschland noch vielfach der klaren Einsicht in die bestehenden Verhältnisse hinderlich sind. Unbekümmert um das Mißtrauen derer, die jeder neuen Idee aus Bequemlichkeit gram[3] sind, haben solche Vereine dafür zu sorgen, daß E r w e r b s s c h u l e n begründet werden, in denen sich eine Gelegenheit zu passender Ausbildung darbietet. Bei der begreiflichen Scheu gebildeter Frauen, auf dem Arbeitsmarkte zu

---

[1] *In Deutschland können Frauen erst ab 1900 zunächst in Baden studieren, ab 1904 in Württemberg und erst ab 1908 in Preußen studieren. Mit Sondergenehmigungen hatten Frauen allerdings schon vorher bisweilen sogar promovieren dürfen, die erste 1754. Viele angehende Ärztinnen wichen in die Schweiz oder nach Großbritannien aus, wo es schon viel früher möglich war, als Frau zu studieren.*

[2] *als Aufgabe zufallen, von ihm bewältigt werden müssen.*

[3] *feindselig gegenüberstehen.*

erscheinen, ist außerdem mindestens für eine Ueber-
gangsperiode geboten, daß der Arbeitsvermittlung
durch Vereine Vorschub geleistet werde[1], bis innerhalb
der betheiligten Kreise jenes Selbstvertrauen genügend
gekräftigt ist, das für sich selbst einzustehen verlangt.
In dieser Richtung wirken auch bereits jene englischen
und deutschen Vereine. Mehrere unter den größeren
Städten Deutschlands besitzen Handelsschulen für
Frauen, deren Nutzen nicht nur denen zu Gute
kommt, welche auf eigenen Erwerb angewiesen sind,
sondern auch solchen zu Theil wird, welche ihren Vä-
tern und Ehegatten in einem kaufmännischen Berufe
behilflich sein wollen.

[35/623] Jene Vereine sind die ersten Kundgebungen[2]
eines für die Frauen thätig werdenden Gerechtigkeits-
sinnes. Als solche haben sie die höchste Bedeutung. Man würde indessen irren, wenn man an-
nähme, daß jene Vereine eine durchgreifende Lösung
der Frauenfrage herbeizuführen vermöchten. Diesel-
ben haben es nämlich vornehmlich mit solchen Mädchen zu thun, welche bereits durch Noth oder Sorge
aus der ruhigen und gleichmäßigen Entwickelungs-
bahn in späterem Alter herausgedrängt wurden. Eine
durchgreifende Verbesserung der obwaltenden[3] Zustände kann nur durch die or-
ganische Kraft der Familie bewirkt, durch
ein von Hause aus verbessertes System der

---

[1] *begünstigen.*

[2] *Äußerung.*

[3] *obwalten: vorhanden sein, wirksam sein.*

weiblichen Erziehung herbeigeführt werden. Innerhalb der mittleren Gesellschaftsklasse, vornehmlich des höher gebildeten und weniger bemittelten Theils derselben, ist die Zukunft unverheirathet bleibender Töchter grundsätzlich in's Auge zu fassen, während man gegenwärtig Nichtverheirathung gleich einem Eisenbahnunglück als unberechenbaren Zufall zu erachten pflegt.

Die Erziehung hat hier die ebenso nothwendige, als schwierige Aufgabe vor sich, mit der Pflege des häuslichen Sinnes, mit der Vorbereitung für die zukünftige Stellung der Gattin jene Rücksicht auf wirthschaftliche Selbständigkeit zu verbinden. Beide Richtungen bedingen sich gegenseitig. Die Erfahrung zeigt, daß besonders tüchtige Hausfrauen, wenn sie ihres Ernährers beraubt werden, am leichtesten sich eigenen Erwerb zu schaffen wissen, während jene weicheren und unklaren Naturen, denen es selbst an oberflächlicher Kenntniß der Lebensverhältnisse gebricht[1], weder in der Familie noch in einer verantwortlichen Stellung nach Außen ihre Aufgabe erfüllen.

Einer aufmerksameren Beobachtung der obwaltenden Verhältnisse kann es nicht entgehen, daß die Erziehung der [36/624] Mädchen innerhalb der modernen Gesellschaft vielfach hinter den berechtigten Anforderungen der Zeit zurückgeblieben ist. Daß hier ungenügende Leistungen zu beklagen sind, ergiebt sich aus dem übereinstimmenden Zeugniß derer, die

---

[1] *mangeln.*

Über die Verbesserungen in der Stellung der Frauen

sonst in ihren Auffassungen des weiblichen Berufs[1] weit auseinandergehen. Von der einen Seite ist Beschwerde, daß die Vorbildung für die spätere Uebung der Mutterpflichten eine unzulängliche ist. Von anderer Seite rügt man, daß jene Rücksicht auf die eigene Verantwortlichkeit im Falle der Ehelosigkeit außer Acht gelassen werde und es an jener Ausbildung fehle, welche den Uebergang in einen praktischen Lebensberuf erleichtern könnte. Während Virchow[2] beispielsweise auf die Verbesserung des naturwissenschaftlichen Unterrichts dringt, damit die Frauen dereinst als Mütter und Pflegerinnen nicht durch die lang-

---

[1] *Berufung, Zweck, Ziel.*

[2] *Rudolf Virchow wurde am 13. Oktober 1821 in Schivelbein in Hinterpommern geboren. Er studierte Medizin und promovierte 1843 in Berlin. Danach arbeitete er an der Charité. Ab 1847 begann er, das "Archiv für pathologische Anatomie und Physiologie und für klinische Medicin" (heute: Virchows Archiv) herauszugeben. Als Teilnehmer der Revolution von 1848 war er in Preußen Schikanen ausgesetzt und nahm eine Professor in Würzburg an. Später kehrte er nach Berlin zurück. Neben medizinischen Themen beschäftigte Virchow sich mit Anthropologie, Ethnologie und Archäologie. Zusammen mit Franz von Holtzendorff gab er die "Sammlung gemeinverständlicher wissenschaftlicher Vorträge" heraus, in der auch die vorliegende Schrift erschien. Er war einer der Gründer der Deutschen Fortschrittspartei, die er in der Berliner Stadtverordnetenversammlung, dem Preußischen Abgeordnetenhaus und dem Reichstag vertrat, später dann deren Nachfolgeparteien: die Deutsch-Freisinnige Partei und die Freisinnige Volkspartei. Rudolf Virchow starb am 5. September 1902 in Berlin.*

same Schule des Experiments zu gehen brauchen[1], rügen einsichtsvolle Frauen, deren Urtheil in diesem Falle sehr viel gilt, unter anderen namentlich Frau M. Pinoff[2] die mangelhafte Charakterbildung.

Sobald man die schnelle Zunahme und sorgfältigere Einrichtung der für Männer bestimmten Unterrichtsanstalten, der Realgymnasien[3], polytechnischen Schulen[4], landwirthschaftlichen Academien und ähnlicher Gelegenheiten zu gründlicher Belehrung und fachmäßiger Vorbereitung in's Auge faßt, muß man es auffallend finden, daß der völlig veränderten Lage der zum Mittelstand gehörigen Frauen nicht auch eine durchgreifende Verbesserung des weiblichen Erziehungswesens entspricht. Mancherlei neue Unterrichtsgegenstände tauchten allerdings an den Töchterschulen[5] nach und nach auf. Die Methode des Lehrens wurde im Einzelnen vielfach verbessert. Nichtsdesto-

---

[1] *Franz von Holtzendorff denkt dabei vermutlich an den Vortrag von Rudolf Virchow am 20. Februar 1865 mit dem Titel: "Ueber die Erziehung des Weibes für seinen Beruf" (Neuausgabe bei Libera Media).*

[2] [Endnote 10:] S. Minna Pinoff: Reform der weiblichen Erziehung als Grundbedingung zur Lösung der socialen Frage der Frauen. Breslau 1867.

[3] *Ein Realgymnasium führt zum Abitur und legt den Schwerpunkt auf moderne Fremdsprachen bzw. naturwissenschaftliche Fächer, welche früher als Realien bezeichnet wurden.*

[4] *Ingenieurschule.*

[5] *Vorläufer der Mädchengymnasien.*

weniger wird wohl mit einigem Rechte hervorgehoben, daß w e s e n t l i c h e Umgestaltungen seit fünfzig Jahren nicht wahr-[37/625]-nehmbar sind. Noch immer herrscht der Gedanke vor, daß die Bildung der Mädchen vornehmlich eine äußere Abglättung für die feinere und bessere Gesellschaft, die Wohlgefälligkeit der Formen zu erstreben habe. Ist dies Ziel erreicht, so zeigen sich in der That die meisten Eltern befriedigt. Als sehr nachtheilig für die weitergreifenden Bildungs-Interessen erscheint dabei der Umstand, daß in den höheren Gesellschaftsklassen der Schul-Unterricht sehr frühzeitig, das heißt mit dem 16. und 17. Lebensjahre abgebrochen wird, von welcher Altersstufen an junge Mädchen „zur Disposition gestellt werden"[1]. Findet eine Fortsetzung des Unterrichts über diese Altersgränzen statt, so handelt es sich dabei vielmehr um die Pflege einzelner lieb gewordener Beschäftigungen, als um eine strengere Durchbildung[2] des bis dahin eilig und mangelhaft Erlernten. Jene Jahre, welche zwischen dem Schluß der Schule und der Begründung eines eigenen Hausstandes in der Mitte liegen, sind für ernstere und höhere Lebenszwecke vielfach verloren.

Die Störungen im Zusammenhange der Gesellschaft, welche neuerdings die „F r a u e n f r a g e" entstehen ließen, bleiben nun aber meistentheils denjenigen verborgen, denen die Entscheidung über den Gang der Erziehung zusteht. Väter und Mütter glau-

---

[1] *zur Verfügung stellen.*

[2] *Durchdringung des Lernstoffes.*

55

ben noch heute meistentheils, daß ein leichtes Kaliber[1] in der Bildung ihrer Töchter am meisten Anklang finden werde bei deren zukünftigen Ehegatten. Sie meinen, daß der Hausherr sich seine Gemahlin nach seinem besonderen Bedürfniß und nach seinem eigenen Geschmack erziehen solle. Sie denken, daß als Rohstoff ein Charakter von Wachs sich am besten dazu eigene. Ein unselbständiges, unklares und unbestimmtes Wesen nimmt man irriger Weise für gleichbedeutend mit den Merkmalen der Aufopferungsfähigkeit und persönlichen Hingabe. Durch die Ueberlieferung in den Familien entsteht bei jungen [38/626] Mädchen die der Wirklichkeit gänzlich widersprechende Vorstellung, daß die Ehe zunächst eine gesellschaftliche Rangstellung, eine Befreiung von der elterlichen Gewalt, eine Aufhebung zahlreicher in der Sitte begründeter Beschränkungen bedeute. Alle tieferen sittlichen[2] Beziehungen, die schwersten Pflichten, die Aufgaben der Selbstverleugnung sind der Jugend verborgen und können ihr auch nicht verständlich gemacht werden. Aber die Wahrscheinlichkeit der Pflichterfüllung wächst nicht mit der planmäßigen Pflege der Unkenntniß oder der Angst vor Ueberredung, sondern im Gegentheil mit der sittlichen Anstrengung, die kein Lebensjahr ungenützt vorübergehen läßt, mit der Entfaltung eines reifen Verstandes und eines festen, seiner selbst bewußten Willens. Der in so vielen Familien

---

[1] im übertragenen Sinne: ohne großen Ernst betrieben.

[2] „sittlich" hat noch nicht die heute verengte Bedeutung, sondern ist hier im allgemeinen Sinne von „moralisch" oder „ethisch" zu verstehen.

verbreitete Irrthum, daß die höhere Bildung des Geistes dem weiblichen Herzen und Gemüth Eintrag[1] thun würde, darf beinahe verhängnißvoll genannt werden.

In dieser Auseinandersetzung liegt die Begründung unserer Erwartung, daß die Besserung der die Frauen des Mittelstandes beschwerenden Mißstände voraussichtlich nur eine sehr allmählige sein kann. Jeder erhebliche Fortschritt hängt ab von der klareren Einsicht in die Veränderungen, denen das Verhältniß der Familie zum öffentlichen, insbesondere wirthschaftlichen Leben unterworfen ist. Solche Erkenntniß bricht sich aber um so langsamer Bahn[2], als man vielfach planmäßig bemüht ist, die Frauen ihr Glück in der Abhängigkeit und in Zufälligkeiten statt in der eigenen geistigen Freiheit erkennen zu lassen. Nur zu häufig ist die elterliche Erziehung geradezu darauf angelegt, daß den Töchtern, um den Schimmer der Jugend nicht zu trüben, die Verantwortlichkeit des späteren Lebens verborgen werde.

In England und Amerika hat man bereits seit längerer [39/627] Zeit eingesehen, daß auf eine Verbesserung der weiblichen Erziehung ungemein viel ankommt. Höhere Bildungsanstalten werden von Jahr zu Jahr neben den gleichfalls als nothwendig erkannten Erwerbsschulen eröffnet. Da für England und Amerika der Unterricht der Frauen in den wohlhabenden Klassen viel mehr ein häuslich privater ist, als in

---

[1] *Nachteil.*

[2] *sich durchsetzen.*

Deutschland und Frankreich, so verlangt man, um Garantien für die erreichten Bildungs-Resultate feststellen zu können, die Zulassung der Mädchen zu den öffentlichen Prüfungen an den Universitäten. Anfangs bedenklich[1] und zögernd, haben sich nach reiflicher Erwägung mehrere Hochschulen zuerst Edinburgh[2] und Cambridge[3], bereit finden lassen, die wissenschaftliche Prüfung der jungen Mädchen, die darauf antragen[4], in die Hand zu nehmen.

Daß gründliche Kenntnisse in den realen Wissenschaften[5], in den Künsten und Sprachen einen brauchbaren und zuverlässigen Geleitsbrief[6] für die Reise in eine fern gelegene Zukunft des Lebens gewähren, glaubt man auch für Frauen annehmen zu können. Allein ganz abgesehen von diesem wünschenswerthen Ergebniß, das die Gefahren der Mittel-

---

[1] *mit Bedenken.*

[2] *Gemeint ist die University of Edinburgh. Der Zugang für Frauen war allerdings nicht so einfach, wie es hier erscheint. Die "Edinburgh Seven" waren die ersten an einer britischen Universität immatrikulierten Medizinstudentinnen. Sie begannen ihr Studium 1869, durften es aber nicht abschließen.*

[3] *Frauen konnte in Cambridge ab 1869 mit der Einrichtung des Girton Colleges studieren.*

[4] *einen Antrag stellen.*

[5] *Naturwissenschaften.*

[6] *Schreiben, das jemanden, der auf Reise war, unter den Schutz, beispielsweise des Kaisers, stellte.*

losigkeit erheblich verringert, beginnt man mehr und mehr zu erkennen, daß die verbesserte Bildung der Frauen den höchsten und edelsten Interessen der Menschheit, den werthvollsten Zwecken des Staatslebens entspricht.

Der Hinweis auf den Vermögennothstand zahlreicher, den besseren Kreisen angehörigen Frauen trifft nur die nächstliegende und äußerliche Richtung des Erziehungswesens. Diese materielle Seite ist wichtig genug, um die Aufmerksamkeit aller denkenden Männer zu beschäftigen. Allein die Nothwendigkeit wegen der stetig anwachsenden Mißstände wirthschaftlicher Art, die Erziehung unserer Töchter zu verbessern, wird bei weitem überragt durch die geistigen Interessen und ihre Bedeutung.

[40/628] Unleugbar ist im Zusammenhange mit der neueren Gesellschaftsentwickelung den Frauen eine viel umfassendere Aufgabe, ein viel größerer Antheil, eine viel weiter gehende Verantwortlichkeit, als früher, bei ihrer Mitwirkung an der erziehenden Arbeit innerhalb des Volkes gestellt. In demselben Maße, als das männliche Geschlecht durch die fortschreitende Arbeitstheilung zur Einseitigkeit der Berufsbildung fortgetrieben, durch immer größere Arbeitsleistungen und Arbeitsforderungen dem engeren Verkehre mit dem heranwachsenden Geschlecht[1] entfremdet wird, erhöht sich die Culturmission des weiblichen Geschlechtes in der Familie. Die Frauen haben die höchst schwierige Aufgabe, die realen Berufsinteressen mit

---

[1] *Hier im Sinne von: Generation.*

den idealen Gütern der Menschheit auf dem Gebiete der Erziehung zu vermitteln. Sie haben den abnehmenden Einfluß der väterlichen Gewalt durch freie Einwirkung auf die Neigungen des jungen Geschlechts zu ersetzen. Sie haben die schwächsten Anfänge der im Kinde emporkeimenden Anlagen zu entdecken, zu pflegen und zu schützen, Sie haben die unscheinbarsten Dinge zu ordnen, für die täglich wiederkehrenden Bedürfnisse des physischen Lebens Sorge zu tragen. Das niedrigste und das höchste durchdringt sich in ihrem Berufe. Sie haben den Sinn zu pflegen und selbst zu bethätigen für Vaterland, Ehre, Menschlichkeit und Religion. War es Ahnung oder Zufall, daß die griechische Baukunst in ihren Karyatiden[1] herrliche Frauengestalten an Stelle der Säulen zu Trägerinnen der Tempelhallen formte?

Die Entartungen[2] des modernen Materialismus[3] treten unter Anderem darin sehr deutlich hervor, daß man mehr und mehr sich daran gewöhnt hat, in Uebereinstimmung mit den rohesten Vorstellungen halbbarbarischer Zeiten die Frauen als Instrumente für individuelle Lebenszwecke der Männer zu betrachten, bestimmt dafür zu sorgen, daß die höhere Anlage der männlichen Natur [41/629] sich in freier Weise und unbekümmert um die Vorgänge der Alltäglichkeit dem

---

[1] *Eine Karyatide ist die Skulptur einer weiblichen Figur mit tragender Funktion in der Architektur.*

[2] *Aus der Art Schlagen im Sinne einer negativ empfundenen Abweichung von der Art, wie etwas sein sollte.*

[3] *Hier im Sinne von: Streben nach materiellem Wohlstand.*

öffentlichen Leben zuwenden könne. Eine derartige Auffassung verräth nicht nur Proben nacktester Selbstsucht, sondern sie ist gleichzeitig ein Beweis mangelnder Einsicht in das Wesen des Staates und seine Grundlagen.

Schon im griechischen Alterthum zu einer Zeit also, in der die Stellung des Weibes tief herabgedrückt war, sprach der größte der Philosophen[1] es aus, daß die Erziehung der Frauen einen höchst wichtigen Platz unter den Angelegenheiten von staatlicher Bedeutung einnehme. Und heute sollte man behaupten können, daß weder die Gesellschaft sich um den Bildungsstandpunkt der Frauen, noch auch die Frau um öffentliche Angelegenheiten zu kümmern habe? Einem Manne zu genügen, kann einer edleren Frau nur dann als eine Erschöpfung[2] ihrer Aufgabe erscheinen, wenn in ihm alle Elemente geistiger Wirksamkeit für die allgemeinen Aufgaben des staatlichen Lebens thätig geworden sind. In viel häufigeren Fällen ist es Sache der weiblichen Bildung, den Antrieben des Eigennutzes und des gröberen Lebensgenusses entgegenzuwirken. Tieferen Einfluß auf die häusliche Erziehung können nur solche Frauen erfolgreich üben, denen ein Verständniß für die Mannigfaltigkeit des menschlichen Lebens, für Staat und Gesellschaft in deren einfachsten Grundbeziehungen innewohnt. Ist dies Verständ-

---

[1] *In Platons "Politeia" äußert sich Sokrates dahin, daß Frauen und Männer gleich erzogen werden und Tätigkeiten nicht einem Geschlecht vorbehalten sein sollten.*

[2] *etwas, das ihre Aufgabe erschöpft.*

niß vorhanden, so wird die reifere Bildung e i n e r Frau zur geistigen Ausstattung aller derer, auf welche zu wirken sie berufen ist, und der Versuch, ihre geistige Selbständigkeit zu hemmen, ihre Antheilnahme an öffentlichen Angelegenheiten grundsätzlich als der Familie nachtheilig zu verpönen, rächt sich in dem moralischen Mißwuchs[1] späterer Geschlechter.

Wäre also auch die geistige Anlage der Frauen eine von Natur noch so verschiedene von derjenigen der Männer, immer [42/630] bliebe als Aufgabe der Erziehung ihnen gegenüber bestehen: daß, sich die geistige und sittlich[2] freie Persönlichkeit bis zu denjenigen Gränzen ungehindert entfalten könne, die sie zu erreichen befähigt und geneigt ist. Dem entsprechend ist Vorsorge zu treffen und Gelegenheit zu bieten für die Befriedigung der gegenwärtig hervortretenden höheren Bildungsinteressen des weiblichen Geschlechts, deren Hemmung ungerecht, deren Anerkennung den erhabensten Bildungszielen des Staates und der Familie nur förderlich sein kann.

Solche Frauen, die entweder aus mangelnder Einsicht oder aus Furcht vor der Macht der Vorurtheile, dabei beharren, daß sie sich gegenüber den bewegenden Gedanken des Zeitalters theilnahmlos und gleichgültig zu verhalten haben, daß sie keine geistige Anstrengung zu machen brauchen, um zum Verständniß

---

[1] *falsches Wachstum.*

[2] *„sittlich" hat noch nicht die heute verengte Bedeutung, sondern ist hier im allgemeinen Sinne von „moralisch" oder „ethisch" zu verstehen.*

der Grundwahrheiten des wirthschaftlichen und staatlichen Lebens zu gelangen, werden nur dazu beitragen, daß Charaktereigenschaften vererbt werden, die den Forderungen der staatlichen Gemeinschaft entgegenwirken. Schon das religiöse Bedürfniß hebt die Frau über den abgeschlossenen Kreis der nur auf sich selbst angewiesenen Familie empor. Sobald das politische Bewußtsein erwacht, welches die Pflichten gegen den Staat erkennt und deren freiwillige Erfüllung ohne gewaltsames Einschreiten der Staatsgewalt vorschreibt, geht auch auf die Frauen zwar nicht die Dienerschaft der politischen Parteiung, wohl aber das Priesterthum der staatlichen Sittenlehre, die Verkündung der Hingabe an das Vaterland Angesichts der kommenden Geschlechter über.

An diese bedeutungsvolle Stellung zum öffentlichen Leben knüpft sich auch die Versöhnung derjenigen Mädchen mit sich selbst, denen die Begründung eines eigenen Heerdes versagt war. Mögen sie ihren Unterhalt erarbeiten oder mit äußeren Glücksgütern ausgestattet sein, gleichviel. Wenn sie erfahren, [43/631] daß jede ernste Arbeit nicht nur dem einzelnen Menschen durch ihren Lohn zu Statten kommt, sondern auch als Beispiel moralischen Werth hat für die gesammte Gesellschaft, wenn sie wissen, daß zahlreiche Aufgaben von öffentlichem Interesse, vornehmlich die socialen Probleme ihrer Mitwirkung harren[1], daß bisher verwilderte Strecken[2] noch für die gesellschaftliche

---

[1] *darauf warten.*

[2] *Stück Land.*

Cultur urbar[1] zu machen sind, daß im Erziehungswesen, in der Entwickelung der Volksschule und der Waisenanstalten, in der Kranken- und Armenpflege gerade solche Kräfte segensreich wirken können, die ungehindert durch zwingende Pflicht gegen das Haus, persönliche Leistungen darzubringen vermögen, wenn sie alle diese dankbaren Aufgaben vor sich erblicken, zu deren Verständniß sie eine weise Erziehung vorbereitete, wenn die Wissenschaft und Kunst ihre Arme nach ihnen ausbreiten, so wird jene Vorstellung schwinden, als ob Ehelosigkeit gleichbedeutend sei mit Berufsverfehlung. Wäre es wirklich wahr, daß das Schicksal derer, welche unverheirathet bleiben, im Vergleich zu dem ehelichen Wirkungskreise der Frauen aufzufassen wäre, wie der Gegensatz des Naturwiderigen zu einem vermeintlich allein natürlichen Beruf der Frauen, so wäre nicht nur die menschliche Freiheit in Abrede gestellt, der Entsagung und Aufopferung für die nicht unmittelbar in der Familie liegenden Humanitätsziele aller Werth genommen, sondern auch der moralische Tod über diejenigen verkündet, welche außerhalb der Familienbande stehend, einen eigenen Lebensberuf wählen müssen. Gerade diese Lehre von der vermeintlich ausschließlichen Bestimmung der Frau zu häuslichen Lebenszwecken, diese Lehre, die im Widerspruch mit den gewaltig auftretenden Thatsachen der Gegenwart der weiblichen Jugend kein anderes Ziel zeigt, als eine unberechenbare Möglichkeit des passiven

---

[1] *für die Landwirtschaft verwendbar machen.*

Wahlrechts[1] zur Eheschließung, diese Lehre ist es, welche der Erziehungsweise eine so schiefe Richtung giebt.

[44/632] Oder glaubt man, daß eine Abweichung von dieser bisher allein verfolgten Bahn der Familie nachtheilig und gefährlich werden könnte? Sollte die fortschreitende Entwickelung der Menschheit nur dadurch gewährleistet sein, daß dem einen Geschlecht auf Kosten des andern die ihm zufallenden Aufgaben durch ein gewaltsames Gesetz zugemessen und als Zwangsarbeit auferlegt werden? Sollte persönliche Freiheit im bürgerlichen Leben, im Staat und der Gesellschaft nur die Wohlthat der Männer und das V e r d e r b e n der Frauen bedeuten?

Die natürlichen Gliederungen der Gesellschaft in Familie und Volksgenossenschaft lassen sich weder künstlich erzeugen noch künstlich zerstören. Sie können von Menschenhand nur vorübergehend gehemmt und verwirrt werden, um dem leichtfertigen Eingriff und der menschlichen Willkür hinterher dennoch ihre Unersetzlichkeit zu beweisen. Als mechanische Kunstfertigkeit, ohne Aussicht auf dauernden Erfolg, wäre jeder Versuch zu erachten, die Würde und Heiligkeit der Familie zu schützen, indem man den Frauen ein unübersteigliches Höhenmaß der Bildung als Schranke vorzeichnet und die Entwickelung ihrer geistigen Fähigkeiten gleichsam für vorschriftsmäßig befundene

---

[1] *Recht, als Abgeordneter oder für andere Positionen im Staat gewählt zu werden (im Gegensatz zum aktiven Wahlrecht, dem Recht, wählen zu dürfen).*

Pflichten in Schuldhaft nimmt[1]. Ganz im Gegentheil ist zu sorgen, daß die Anzeichen, welche auf ein tieferes Bildungsbedürfniß der Frauen hinweisen, nicht unbeachtet oder unbenutzt vorübergehen. Aus der Betrachtung der menschlichen Culturentwickelung sollte die Ueberzeugung gewonnen werden, daß der Verfall des Familienlebens sich ankündigt in dem Widerstande, welcher dem Bedürfniß geistiger Vollendung in der weiblichen Persönlichkeit offen oder heimlich entgegengestellt wird. Und es ist gewiß, daß die Steigerung des geistigen Lebens gerade in den Frauen auch die Veredelung der Familie verheißt.

---

[1] *Wörtlich: in Haft nehmen, um die Bezahlung von Schulden zu erzwingen. Hier im übertragenen Sinne von: in Verantwortung nehmen.*

Die Psychologie des Mordes

Kommentierte Ausgabe bei Libera Media

Im Jahre 1875 beschäftigt sich Franz von Holtzendorff, einer der führenden Juristen seiner Zeit, mit der Frage, ob die Unterscheidung zwischen „Mord" und „Totschlag" im deutschen Recht angemessen ist.

Franz von Holtzendorff

Die Psychologie des Mordes

Nach dem Original von 1875 neu herausgegeben von Hansjörg Walther

Libera Media

2015

Dabei diskutiert er die verschiedenen Motivationen und Arten von Tötungsdelikten, etwa politische Morde oder Morde aus religiösem Fanatismus.

Zugleich ist die Schrift auch eine Zusammenfassung von Ergebnissen aus Franz von Holtzendorffs Buch von 1875 „Das Verbrechen des Mordes und die Todesstrafe" (Neuausgabe bei Libera Media), in dem er seine Argumentation gegen die Todesstrafe entwickelt.

Auch fürs Kindle verfügbar.

Bisher erschienen bei Libera Media